AVANT-PROPOS

Le domaine de l'énonciation s'est considérablement agrandi depuis les réflexions programmatiques de Benveniste et Jakobson à la fin des années 50, et l'on se trouve aujourd'hui devant un champ de recherches vaste et actif, certes, mais dont les diverses régions ne sont pas rigoureusement articulées les unes sur les autres.

Une telle situation a des conséquences d'ordre pédagogique : force est de constater qu'il existe un écart important entre le niveau de développement atteint par la recherche et son exploitation dans le cadre d'une pédagogie de la langue. L'enseignant se trouve dès lors contraint à renvoyer ses étudiants à de multiples articles, d'accès plus ou moins aisé, même pour des exposés tout à fait élémentaires. Cette carence a pour effet d'en inciter beaucoup à continuer à se référer systématiquement à des grammaires scolaires traditionnelles ; ils sont plus ou moins conscients que ces dernières sont inadéquates mais pensent néanmoins qu'elles leur offrent une « base solide » et une synthèse commode. C'est oublier que le principal défaut de ces manuels réside dans le découpage de la langue qu'ils opèrent, dans leurs présupposés, leur démarche. En fait, il ne s'agit pas tant de savoir si sur tel ou tel point ils disent des choses « justes », ce qui peut fort bien être le cas, que de définir une problématique pertinente, un cadre capable d'intégrer certains acquis essentiels des travaux linguistiques récents. Peut-on encore aborder l'étude de l'indicatif sans se référer à l'opposition établie par Benveniste entre *discours* et *récit?* Peut-on prétendre rendre compte de la spécificité de *je* ou *tu* en les rangeant dans la catégorie des « pronoms personnels » ?

Le présent ouvrage espère contribuer à pallier cette carence sur quelques questions limitées mais importantes. Certes, les phénomènes qui entrent aujourd'hui dans le cadre des recherches se réclamant de l'énonciation sont trop nombreux et trop instables pour qu'on puisse prétendre en offrir une synthèse achevée. Il n'est pas déraisonnable pourtant de procéder à un exposé élémentaire et systématique de linguistique française en s'en tenant à un ensemble très circonscrit de faits linguistiques étroitement liés sur lesquels on dispose d'acquis suffisants. Ce choix nous a semblé indispensable pour éviter un exposé décousu ou tout à fait superficiel.

Nous sommes conscient qu'il s'agit ici d'un livre de transition, qui cherche à sortir des cadres de la grammaire traditionnelle mais ne repose pas encore sur une théorie capable d'articuler rigoureusement syntaxe et opérations d'énonciation à travers la diversité typologique des discours. Autant dire que nous serons contraint à un éclectisme certain pour satisfaire aux nécessités de la pédagogie.

Il ne saurait être question d'exhaustivité quand on consacre quelques pages à des sujets sur lesquels il existe une littérature considérable. Au-delà des problèmes traités, c'est à la démarche que suppose la problématique de l'énonciation qu'il convient d'être attentif. Le fil directeur de ce livre sera le concept bien connu maintenant d'*embrayeur ;* nous le définirons dans l'introduction et il nous permettra ensuite d'articuler les trois parties de ce manuel, consacrées successivement aux *personnes* et *aux déictiques,* aux *temps de l'indicatif* et au *discours rapporté.*

Note d'ordre terminologique. Dans cet ouvrage nous parlons de *théorie de l'énonciation ;* on ne peut cependant ignorer le fait que l'on rencontre de plus en plus dans la littérature linguistique le terme de *pragmatique* pour désigner un champ de recherche qui, à l'évidence, recoupe très fortement celui de la théorie de l'énonciation. Il s'agit en fait de traditions et de problématiques un peu différentes, déjà en place dès les années 30. Les *théories de l'énonciation* se préoccupent en particulier d'embrayeurs, de modalités, de discours rapporté, etc., tandis que la *pragmatique* s'est développée essentiellement dans le domaine anglo-saxon autour de la problématique des actes de langage. Ces deux courants tendent inévitablement à se mêler, refusant tous deux la démarche linguistique qui consiste à poser des structures extérieures à l'activité d'énonciation. Avec l'extension de la réflexion sur les actes de langage et le véritable déferlement de travaux se réclamant de la pragmatique depuis quelques années, on conçoit que le terme de *pragmatique* s'impose progressivement et intègre les préoccupations de la théorie de l'énonciation. Nous avons préféré utiliser ici *théorie de l'énonciation* plutôt que *pragmatique* dans la mesure où les actes de langage n'ont qu'une place très marginale dans ce livre, les sujets traités appartenant plutôt à l'autre courant.

LANGUE LINGUISTIQUE COMMUNICATION

Collection dirigée par Bernard Quemada

Approche de L'ÉNONCIATION EN LINGUISTIQUE FRANÇAISE

Embrayeurs, « Temps », Discours rapporté

par

Dominique MAINGUENEAU

Université d'Amiens

HACHETTE

TABLE DES MATIÈRES

ISBN : 2.01.008006.8

L'ÉNONCIATION

ÉNONCÉ/ÉNONCIATION

Si, dans une première approche, on définit l'**énonciation** comme l'acte individuel d'utilisation de la langue pour l'opposer à l'**énoncé,** objet linguistique résultant de cette utilisation, on sera immédiatement tenté d'affirmer que la linguistique moderne sous ses formes dominantes ne reconnaît guère que l'énoncé pour champ d'investigation. La linguistique structurale semble s'être intéressée avant tout à l'établissement d'un inventaire systématique des unités distinctives réparties sur plusieurs niveaux hiérarchisés, tandis que la grammaire générative et transformationnelle apparaît à beaucoup comme une algèbre syntaxique soucieuse seulement d'énumérer les séquences de morphèmes qui sont grammaticales. De fait, si tout acte d'énonciation est bien un événement unique, supporté par un énonciateur et un destinataire particuliers dans le cadre d'une situation particulière, et si la *parole* c'est précisément le domaine de l'individuel, de chaque événement historique que constitue un acte de communication accompli, ne doit-on pas renvoyer l'énonciation au domaine de la *parole,* puisque la linguistique moderne se réclame du couple saussurien *langue/parole ?* D'ailleurs, l'énonciation n'apparaît-elle pas comme ce qui rend possible l'énoncé mais ne saurait être inclus dedans, activité indispensable mais inconnaissable, qui s'efface derrière son produit, l'énoncé, seul objet d'études du linguiste ? Les progrès spectaculaires de la linguistique tout au long du XXe siècle ne semblent-ils pas liés au choix de la prise en considération de la seule architecture interne de la langue ?

Pourtant, ce statut marginal laissé à l'énonciation, malgré les évidences dont il paraît pouvoir s'autoriser, s'est trouvé progressivement remis en cause. Depuis le début des années 60, les linguistes ont été amenés à reformuler sur ce point l'interprétation qu'ils donnaient du couple *langue/parole,* affirmant que dans l'énonciation tout ne relève pas de l'individuel, du chaotique... mais qu'une part notable peut en être décrite en termes de système. Auparavant on considérait seulement l'énoncé parce que, pensait-on, il constituait l'ensemble de données restant stables, opposé à l'infinité des actes d'énonciation; désormais on opère une distinction entre chaque énonciation individuelle et le phénomène, le schéma général de l'énonciation, invariant à travers la multiplicité des actes d'énonciation.

Refuser d'abandonner l'énonciation à l'activité purement individuelle et de la rejeter hors de l'analyse rigoureuse du langage, c'est donc poser que, lorsque le système abstrait qu'est la langue se trouve mis en exercice dans le discours, un ensemble de mécanismes spécifiques intervient. La description du fonctionnement de la langue suppose l'étude de cette « mise en exercice » du système, qui seule rend possible la production d'énoncés, la conversion de la *langue* en *discours* par l'énonciateur. Ainsi, quand on emploie le terme *discours* dans le cadre des théories de l'énonciation, ce n'est pas pour renvoyer à une unité de dimension supérieure à la phrase, ni pour considérer les énoncés du point de vue de leurs conditions de production socio-historiques (perspective de l'« analyse du discours »), mais c'est pour rapporter l'énoncé à l'acte d'énonciation qui le supporte.

LES EMBRAYEURS

La mise en place du couple énoncé/énonciation suppose acquise une autre distinction, célèbre, celle entre **énoncé-type** et **énoncé-occurrence.**

Soit l'énoncé *Les mammifères allaitent leurs petits;* le fait de dire cet énoncé, son énonciation, constitue un événement situé dans le temps et dans l'espace, événement qui produit pourtant un énoncé dont le contenu apparaît stable au-delà de la multiplicité des événements énonciatifs qui le rendent possible. Les linguistes sont alors amenés à poser que l'on peut considérer le même énoncé tantôt comme **occurrence** et tantôt comme **type** : l'énoncé *Les mammifères allaitent leurs petits* selon qu'il est émis par telles personnes en telles situations correspond à autant d'*occurrences* distinctes, mais au-delà de toutes ces occurrences on considérera qu'il s'agit du « même » énoncé, du même *type;* dans ce dernier cas, il est envisagé indépendamment des diverses énonciations qui peuvent le prendre en charge.

Si l'on s'en tient à cet exemple les choses semblent simples : le contenu de l'énoncé est véhiculé par l'énoncé en tant que type et ses diverses occurrences lui restent en quelque sorte extérieures. Mais c'est qu'il s'agit là d'un énoncé bien particulier, une vérité scientifique indépendante du temps, du lieu et de l'auteur de son énonciation. En fait, le plus souvent on est incapable de déterminer le sens d'un énoncé si on ne prend pas en compte, outre ce que signifie l'énoncé en tant que type, les circonstances de son énonciation. Il se trouve en effet que certaines classes d'éléments linguistiques présents dans l'énoncé ont pour rôle de « réfléchir » son énonciation, d'intégrer certains aspects du contexte énonciatif. Ces éléments sont partie intégrante du sens de l'énoncé et on ne peut ignorer ce à quoi ils réfèrent si on entend comprendre ce sens. Ce sont ces éléments que nous appellerons des **embrayeurs** (en anglais « shifters ») à la suite de R. Jakobson, qui s'est intéressé à eux, après d'autres (des logiciens comme Frege ou Russell, des linguistes comme Jespersen).

Jakobson en propose la définition suivante, assez vague : « la signification générale d'un embrayeur ne peut être définie en dehors d'une référence au message » (ELG p. 178) ; c'est-à-dire que ces morphèmes ne peuvent être interprétés que si on les rapporte à l'acte d'énonciation unique qui a produit l'énoncé à l'intérieur duquel ils se trouvent : on ne peut savoir, par exemple, à quel endroit réfère *ici* dans *Paul est ici* si on fait abstraction de l'identité de son énonciateur et de la position spatiale de ce dernier lors de son acte d'énonciation. L'adverbe *ici* possède bien une signification linguistique générale et stable, il constitue bien une unité du code de la *langue* (il réfère toujours à un lieu à proximité de l'énonciateur indiqué par celui-ci) mais pour connaître son référent on est obligé de le rapporter à l'acte d'énonciation individuel qui le supporte, puisque dans un autre énoncé-occurrence il pourra renvoyer à un tout autre lieu. On ne peut donc étudier ce type de signes indépendamment de leur emploi effectif. Alors qu'un signe linguistique comme *chat* a un signifié, renvoie à une classe virtuelle de référents en dehors de toute énonciation, *ici* ou *maintenant* se chargent d'un sens nouveau à l'intérieur de chaque énoncé-occurrence. Pour savoir quel sens possède une occurrence déterminée d'un embrayeur il faut le rapporter à cette occurrence, à cet événement unique que constitue son énonciation : ainsi pour préciser le sens de *ici* dans *Paul est ici* il faudrait le paraphraser par « le lieu proche de lui qu'a indiqué l'individu qui a énoncé cette phrase ».

Dans cet ouvrage la classe des embrayeurs recouvrira essentiellement les *personnes* (énonciateur et allocutaire) et les *localisations spatio-temporelles* qui en dépendent. Ce sont ces éléments que nous allons précisément avoir pour fil directeur dans les pages qui suivent.

Nous sommes maintenant à même de comprendre pourquoi on utilise le terme métaphorique d'« embrayeur », mot qui suppose que l'on articule deux plans distincts : d'un certain point de vue les embrayeurs constituent des *signes* linguistiques, appartiennent au code, mais en même temps ils constituent des *choses,* des faits concrets inscrits par leur occurrence dans un réseau déterminé de coordonnées spatiales et temporelles. Ils permettent la conversion de la *langue* comme système de signes virtuels en *discours* par lequel un énonciateur et son allocutaire confrontent leurs dires sur le monde.

QUELQUES DOMAINES RELEVANT DE LA THÉORIE DE L'ÉNONCIATION

Les phénomènes linguistiques pris en charge par les théories de l'énonciation sont loin de se limiter aux embrayeurs. Pour s'en rendre compte, il suffit de renoncer à réduire le langage au rôle d'un instrument « neutre » destiné seulement à transmettre des informations pour le poser comme une *activité* entre deux protagonistes, énonciateur et allocutaire, activité à travers laquelle l'énonciateur se situe par rapport à cet allocutaire, à son énonciation elle-même, à son énoncé, au monde, aux énoncés antérieurs ou à venir. Cette activité laisse des traces dans l'énoncé, traces que le linguiste cherche à systématiser. Ainsi le langage n'est pas un simple intermédiaire s'effaçant devant les choses qu'il « représente » : il y a non seulement *ce qui est dit* mais *le fait de le dire,* l'énonciation, qui se réfléchit dans la structure de l'énoncé.

Il s'agit finalement d'échapper à l'illusion selon laquelle le sens de tous les signes linguistiques, et au-delà des énoncés, se réduirait à leur contenu représentatif et pourrait être considéré indépendamment de leur mise en exercice, des positions discursives de leurs utilisateurs. Ainsi, de nombreux signes linguistiques possèdent-ils ce qu'on appelle une valeur **pragmatique ;** cette valeur, loin d'échapper à l'arbitraire du système linguistique, en est partie intégrante : elle suppose donc bien la remise en cause de l'interprétation traditionnelle du couple langue/parole.

A titre d'illustration, c'est-à-dire sans la moindre volonté d'exhaustivité, on peut énumérer quelques-uns de ces domaines de recherche relevant de la problématique de l'énonciation :

• Il arrive fréquemment que l'énonciateur introduise dans son énoncé des éléments qui renvoient à l'acte même d'énonciation. S'il dit par exemple *Franchement, Marie est malade,* l'adverbe *franchement* dépend d'une proposition implicite *je te dis que...* qui réfère à l'acte d'énonciation lui-même. De même, pour la subordonnée *puisque tu insistes* dans un énoncé comme *Marie est malade, puisque tu insistes :* la proposition *Marie est malade* ne saurait être celle dont dépend la subordonnée causale ; cette dernière dépend en fait de l'acte d'énonciation.

• Un énoncé, quel qu'il soit, exige une opération de **thématisation** de la part de son énonciateur ; une phrase aussi simple en apparence que *Charlotte cueille des fleurs* aura à l'oral un sens différent selon que le locuteur insistera sur *Charlotte, cueille* ou *des fleurs.* En effet l'énonciateur choisit nécessairement un certain mode de présentation de son énoncé, privilégie tel(s) ou tel(s) de ses constituants, que ce soit par la syntaxe ou par l'intonation. Ainsi dans *Tiens, Charlotte cueille des fleurs !* c'est l'ensemble de la proposition qui est mis en valeur, comme si l'énoncé répondait à une question implicite « Qu'est-ce qui se passe ? ». En revanche, si l'énonciateur dit *Elle cueille des fleurs, Charlotte.* L'énoncé semble plutôt répondre à une question telle « Que fait Charlotte ? » et non à « Qui cueille des fleurs ? ». L'énonciateur est donc celui qui choisit différents points de repère dans son énoncé. (Nos exemples sont cependant trompeurs dans la mesure où les opérations de thématisation sont indissociables des textes dans lesquels elles s'insèrent.)

• Pour dire quelque chose sur le monde, l'énoncé, en tant qu'énoncé-occurrence, doit presque toujours recéler des termes référant à des objets individuels. La langue en tant que système de signes ne réfère pas, seuls réfèrent les énoncés-occurrences émis par un locuteur déterminé pour un allocutaire déterminé dans des circonstances déterminées. La théorie de l'énonciation étudie donc de quelle manière l'acte d'énonciation permet de référer, comment l'individuel s'inscrit dans les structures de la langue. Il s'agit pour l'énonciateur d'utiliser des expressions capables d'isoler, d'identifier un objet ou un groupe d'objet à l'exclusion d'autres.

A cela servent différents types d'expressions linguistiques : en particulier les embrayeurs, bien sûr, mais aussi les *descriptions définies* et les *noms propres.* Par « descriptions définies » on entend des groupes nominaux (Déterminant-Nom-(Modifieur)) comportant un article défini *(le tableau, le tableau de Jean...) ;* on sait qu'employer un article défini revient à supposer que l'interlocuteur est capable d'identifier l'objet dont il est question dans l'énoncé, alors que l'article indéfini permet d'introduire dans le discours un référent inconnu de l'interlocuteur. En fait, rien n'empêche l'énonciateur d'associer « indûment » l'article défini à des noms pour référer à des objets qu'il sait ne pas exister ou que l'énonciateur est incapable d'identifier correctement. Les noms propres, eux, sont censés ne valoir que pour un référent unique. En principe on ne peut les employer que si l'interlocuteur est censé connaître ce à quoi ils renvoient, au moins partiellement.

Comme on le voit, la référence ne saurait être abstraite de la relation entre énonciateur et allocutaire : référer constitue un acte accompli en fonction de l'allocutaire, et cet acte peut être réussi ou non. L'habitude seule nous empêche de réaliser à quel point il est remarquable que deux individus puissent communiquer alors qu'ils ne partagent pas nécessairement les mêmes domaines d'expérience. Cela n'est possible que parce qu'énonciateur et interlocuteur obéissent à un certain nombre de règles en fonction du rôle qu'ils jouent dans l'échange linguistique.

• Un énonciateur ne fait pas que référer, le langage n'a pas pour unique fonction de transmettre des contenus, il est aussi **action.** Tout énoncé, outre le contenu qu'il véhicule, accomplit un certain type d'**acte de langage** à l'égard de son allocutaire : actes de promettre, questionner, menacer, etc. A chaque énonciation l'allocutaire est obligé de reconnaître à quel type d'acte il a affaire et de se comporter à son endroit de la manière qui est appropriée. On dit que les énoncés sont affectés d'une certaine **force illocutoire** (promesse, question...) qui peut être explicitée par la syntaxe (cf. JE TE JURE QU' *il pleut* où la force illocutoire est marquée par *jurer,* verbe dit « performatif » en ce sens que seule son énonciation par un *je* permet d'accomplir l'acte de jurer), ou par l'intonation seulement (d'où l'ambiguïté à l'écrit d'un énoncé comme *il partira,* qui peut constituer aussi bien une promesse qu'une menace, etc.), ou encore par le contexte. Ainsi les énoncés possèdent une double dimension : ils véhiculent un contenu et permettent d'accomplir des **actes** par le seul fait de leur énonciation (on ne peut dire « je déclare » sans déclarer effectivement et on ne peut déclarer qu'en disant « je déclare »). Dans cette perspective tout énoncé réfléchit sa propre énonciation.

On pourrait objecter que le linguiste n'a pas à tenir compte de cette force illocutoire pour décrire le sens d'un énoncé, que celle-ci lui reste extérieure. Une telle position susciterait bien des difficultés : un énoncé à l'impératif, par exemple, qui possède une valeur illocutoire d'ordre, ne représente pas un état de choses comme étant vrai, ainsi que le fait tout énoncé assertif, mais ne représente un état de choses que comme devant être accompli par l'allocutaire. Ce dernier se trouve *ipso facto* devant l'alternative obéir/désobéir et on est incapable de séparer ici contenu représenté et force illocutoire. En donnant un ordre le locuteur assigne à lui-même et à son allocutaire des rôles sociaux complémentaires. L'analyse des actes de langage débouche sur l'idée que l'activité discursive repose sur une institution qui définit un ensemble de rôles conventionnels correspondant aux divers actes de langage socialement reconnus. Au-delà des règles syntaxiques et sémantiques *stricto sensu* il existe des règles qui président à la bonne utilisation du langage : ainsi est-il admis par convention que pour faire l'acte d'affirmer il faut croire ce que l'on affirme, que pour accomplir une promesse il faut s'engager à faire ce qu'on promet, etc.

• Dans la mesure où l'on prend en compte la relation que l'énonciateur entretient avec son propre énoncé, on doit faire intervenir la problématique de l'énonciation dans les énoncés les plus divers ; c'est ainsi que l'énonciateur peut situer son énoncé par rapport aux catégories du possible, du nécessaire, etc. (modalités logiques). De cette façon dans *(Il se peut que) Jean vienne* ou *Jean viendra (peut-être)* on distinguera deux niveaux : *Jean vient* et l'attitude de l'énonciateur à l'égard de cette proposition (modalité du possible). De même, si le locuteur dit *(Je crois que..., Je concède que...) Jean viendra* il convient de distinguer deux niveaux dans l'énoncé ; en effet, le locuteur ne vise pas tant à poser un fait, à savoir que l'individu qui est « je » croït ou concède présentement quelque chose, qu'à opérer effectivement une assertion faible *(je crois)* ou une concession *(je concède).*

• Dans cette perspective on soulignera en particulier l'importance de morphèmes jouant un rôle **argumentatif :** *donc, certes, puisque,* etc. *Certes,* par exemple, indique que le locuteur fait une concession ; employer *certes* dans un énoncé **E,** cela signifie que **E** tend vers une certaine conclusion mais que l'ensemble de l'argumentation du locuteur va dans le sens opposé à cette conclusion. En utilisant *certes* l'énonciateur ne dit pas, ne représente pas le fait que **E** va dans ce sens opposé, il se contente de l'indiquer par cet emploi même. *Certes* n'a pas à proprement parler de signifié indépendamment des énoncés-occurrences qui le prennent en charge, mais il a des conditions d'emploi, sa signification n'étant finalement que ces conditions d'emploi. Utiliser ce morphème revient à indiquer que les conditions de son emploi se trouvent effectivement réunies. Ici encore il ne saurait être question d'opposer le sens du signe et l'utilisation qui en est faite.

• Souvent l'énonciateur a l'intention de communiquer autre chose que ce que son énoncé signifie dans sa littéralité ; mais son problème est d'amener son allocutaire à l'interprétation correcte, au-delà du sens littéral. C'est là le problème des **sous-entendus.** Si, par exemple, je demande *Paul est-il gentil avec Jean ?* et qu'on me répond *Jean n'est pas encore à l'hôpital,* mon interlocuteur n'entend certainement pas me dire ce que signifie littéralement son énoncé, mais plutôt que Paul est une brute. Mon interlocuteur m'a conduit à découvrir cette affirmation sous-entendue, mais il s'est refusé à l'énoncer explicitement et peut toujours se réfugier derrière le sens littéral. Le problème est alors de théoriser les mécanismes, les « lois de discours » par lesquels l'allocutaire est guidé vers le contenu sous-entendu. Appartiennent à cette problématique des phénomènes tels l'ironie, par laquelle le locuteur en énonçant quelque chose veut en réalité faire comprendre le contraire de ce qu'il dit.

INDICATIONS BIBLIOGRAPHIQUES

La bibliographie sur les problèmes d'énonciation est considérable. On trouvera des indications à la fin de l'article d'O. Ducrot « Structuralisme, énonciation et sémantique » dans *Poétique* n° 33 (1978) et dans *Langue française* n° 42 (1979), numéro consacré à « La pragmatique ».

Citons aussi quelques ouvrages en français consacrés exclusivement à ce sujet mais qui traitent surtout des *actes de langage :*

– J.L. Austin : *Quand dire c'est faire,* (Seuil, 1970).
– O. Ducrot : *Dire et ne pas dire,* (Hermann, 1972).
– R. Eluerd : *La pragmatique linguistique* (Nathan, 1985).
– C. Kerbrat-Orecchioni : *L'énonciation de la subjectivité dans le langage* (A. Colin, 1980).
– F. Récanati : *La transparence et l'énonciation,* Seuil, 1979).
– J.R. Searle : *Les actes de langage,* (Hermann, 1972).

ainsi qu'un numéro spécial de la revue *Communications* (n° 32, 1980), consacré aux « Actes de discours ».

PREMIÈRE PARTIE
Personnes et déictiques

CHAPITRE 1 : LES PERSONNES

1. PERSONNES ET NON-PERSONNE

— Je et tu

Étudier *je* et *tu,* c'est inévitablement rencontrer la traditionnelle catégorie de la « personne ». L'apprentissage des conjugaisons à l'école nous habitue à mettre sur le même plan *je, tu* et *il* (les « trois personnes »), tendance renforcée dans la grammaire traditionnelle par leur commune appartenance à la classe des « pronoms personnels ». En fait, une telle présentation est dangereuse, contribuant à masquer la ligne de partage fondamentale qui sépare le couple *je-tu* de ce que Benveniste appelle la « non-personne » et que le *il* des conjugaisons représente très imparfaitement.

• En effet, on ne peut interpréter un énoncé contenant *je* et/ou *tu* qu'en prenant en compte l'acte individuel d'énonciation qui les supporte.

Les signes linguistiques ayant un statut syntaxique de « nom » possèdent un *signifié,* que les dictionnaires de langue par leurs définitions circonscrivent plus ou moins bien ; ce signifié se présente comme un ensemble fini de traits sémantiques qui permettent d'affirmer d'un objet « Ceci est un — », autrement dit de *référer.* Ce signifié peut donc être considéré comme une **référence virtuelle,** une possibilité de référence qui ne devient **référence actuelle** que si le signe se trouve inséré dans un énoncé-occurrence. Il n'en va pas de même pour *je-tu,* qui, bien que remplissant les diverses fonctions syntaxiques des groupes nominaux, possèdent un « signifié » très différent puisqu'ils n'ont pas de référence virtuelle : est *je* celui qui dit *je* dans un énoncé déterminé ; est *tu* celui à qui ce *je* dit *tu.* C'est l'acte de dire *je* qui donne le référent de *je,* de la même manière que c'est l'acte de dire *tu* à quelqu'un qui fait de lui l'interlocuteur. On ne peut donc connaître le référent de *je* et *tu* indépendamment des emplois qui en sont faits, des actes d'énonciation individuels.

On aura compris par cette description que *je* et *tu* sont des **embrayeurs.** Par ces embrayeurs, la langue en tant que système universel, disponible pour n'importe quels locuteurs, peut être mobilisée pour la production d'énoncés-occurrences toujours nouveaux. Si tout locuteur doit utiliser en toutes circonstances les « mêmes » *je* et *tu,* ces morphèmes se chargent en fait d'un sens différent à chacun de leurs emplois par un énonciateur différent.

En employant *je* ou *tu,* en se les appropriant, chaque énonciateur se pose comme énonciateur et mobilise à son profit le système de la langue. C'est là un point essentiel : *je* et *tu* ne sont pas simplement des signes linguistiques d'un type particulier, à savoir des embrayeurs, ils sont avant tout des opérateurs de conversion de la *langue* en *discours.* En tant que morphèmes grammaticaux référentiellement « vides » ils appartiennent à la *langue,* mais en tant que signes inscrits dans une énonciation unique ils réfèrent en marquant qu'un sujet s'empare du système et ouvre un rapport réversible à quelqu'un qu'il pose comme allocutaire. Dans l'*échange linguistique* tout *tu* est un *je* en puissance et tout *je* un *tu* en puissance, les rôles s'inversant indéfiniment dans le jeu du dialogue. Ceci est important : un individu n'est posé comme *tu* que par anticipation ou rétrospection du *je* qu'il constitue. *Je* et *tu* sont donc une paire indissociable.

• Il n'y a pas que *je* qui permette de se poser en énonciateur et *tu* de constituer autrui en allocutaire ; ce rôle peut être tenu par *nous* et *vous.*

On a spontanément tendance à considérer ces deux derniers morphèmes comme le « pluriel » de *je-tu.* En fait, *je* et *tu* ne sont pas à *nous* et *vous* ce que *cheval* est à *chevaux* ou *il* à *ils ;* il ne s'agit pas tant de pluriels que de « personnes amplifiées ».

L'opposition pertinente s'établit en effet entre « personne stricte » et « personne amplifiée », *je* et *tu* transcendant la collectivité qu'ils représentent. On s'en rend d'ailleurs compte quand on constate que *nous* et *vous* sont des formes essentiellement ambiguës :

— **Nous** → *je + je (+ je...)*
→ *je + tu (+ tu...)*
→ *je + il (+ il...)*

— **Vous** → *tu* + *tu* (+ *tu*...)
→ *tu* + *il* (+ *il*...)

Dans les deux cas *je* et *tu* transcendent bien la pluralité que *nous* et *vous* recouvrent. *Nous,* c'est avant tout « moi avec toi » ou « moi avec lui » : il n'y a pas réellement multiplication des *je* mais extension, illimitation.

• Les embrayeurs liés à la catégorie de la personne ne se limitent pas aux deux seuls couples *je-tu* et *nous-vous ;* il existe en effet une dépendance évidente entre ces personnes et certains « adjectifs » et « pronoms possessifs », qui contiennent en réalité un de ces embrayeurs, comme le montre clairement leur analyse :

— *mon, ton, nos, vos* + N = *le* N *de moi, toi, nous, vous,*
— *le mien, le tien, le nôtre, le vôtre* = *le — de moi, de toi, de nous, de vous.*

Dans la seconde série, celle des pronoms, il y a cumul de la relation *le*-N-*de-moi/toi/nous/vous* et d'une reprise pronominale de N (phénomène d'anaphore) : *Le* **père** *de Louis est malade,* **le tien** = (le père de toi) *aussi.*

— La non-personne

Je-tu et *nous-vous* ne sont presque jamais les seuls constituants qui réfèrent dans un énoncé : les interlocuteurs tiennent un discours sur le monde. Si les personnes forment à elles deux la « sphère de la locution », cette locution renvoie à un univers extérieur, celui de la **non-personne,** par opposition aux personnes de l'échange linguistique. Cette *non-personne* correspond aux groupes nominaux et à leurs substituts pronominaux, plus largement aux éléments ayant le statut syntaxique de groupes nominaux ; ce sont donc tous les objets dont parlent *je* et *tu.* La non-personne ne saurait être assimilée sans prudence à *il,* qui représente traditionnellement la « 3e personne ». En effet, *il,* à la différence de *je-tu* est un *pro-nom* au sens strict, c'est-à-dire un élément anaphorique qui remplace un groupe nominal dont il tire sa référence et qui a été introduit antérieurement dans le discours, tandis que *je* et *tu* ne sont pas des substituts pronominaux. Certes, *je-tu* et *il* ont un point commun : ils ne tirent leur référence que du contexte dans lequel ils sont placés (ils n'ont pas de « référence virtuelle ») mais il ne s'agit pas du même contexte dans les deux cas ; pour *je* et *tu* il s'agit du contexte situationnel, alors que pour *il* comme pour tout élément anaphorique il s'agit du contexte linguistique (les énoncés antérieurs).

Les deux personnes s'opposent à la non-personne sur quelques points très significatifs :

— Les personnes en tant qu'embrayeurs sont parfaitement définies par la situation d'énonciation et par elle seule, tandis que les non-personnes peuvent être **définies** ou non *(le frère de Paul, certains amis, des livres...)*.
— Les personnes sont nécessairement présentes et en contact (« contact » ne doit cependant pas s'entendre trop restrictivement, car il faut faire la part des télécommunications).
Pour la non-personne peu importe, en revanche, que les référents soient visibles ou non, présents ou absents...
— Les personnes n'ont pas de substituts possibles (*moi* et *toi* ne sont que des formes toniques de *je* et *tu*). Chaque énonciateur réitère *je* et *tu* aussi longtemps qu'il assume le discours. Les groupes nominaux, par contre, disposent d'une grande variété de substituts pronominaux.
— Les personnes ne peuvent *a priori* être que des sujets parlants (ou au moins capables de compréhension linguistique). A cela on pourrait objecter qu'il est bien des exemples, pas nécessairement littéraires, d'énonciateurs s'adressant à des êtres inanimés. En réalité, il faut bien comprendre que parler à des individus ou des objets non-parlants revient à les *constituer en sujets linguistiques* à travers son énonciation : s'adresser à un arbre ou au Destin, c'est en faire *ipso facto* des individus doués des prérogatives de la personne. Rien de tel pour la non-personne, qui concerne n'importe quels référents, humains ou non, animés ou non, concrets ou non *(Didier, la beauté, une table...)*.

— « Tu générique » et « datif éthique »

Jusqu'à présent nous avons considéré *je* et *tu* comme renvoyant à des individus bien définis et remplissant les fonctions syntaxiques d'un élément nominal. Nous allons voir que ce n'est pas nécessairement le cas en nous intéressant à deux emplois remarquables : le « *tu* générique » et le « datif éthique », qui exploitent les caractéristiques de *tu* (et accessoirement de *je* pour le datif éthique) à des fins particulières.

• Le **tu générique** a pour fonction de « personnaliser » des énoncés impersonnels, à valeur générale en remplaçant le sujet universel (*on* en particulier) par un *tu*. Ainsi est maintenue une relation vivante avec la situation d'énonciation à l'intérieur d'un énoncé qui, pourtant, est général ; tout se passe comme si l'allocutaire par le « *tu* générique » était constitué en partie prenante du procès (bénéficiaire, victime...). Dans cette perspective la phrase *Avec cette auto tu te sens un autre homme* hors contexte sera ambiguë : le *tu* et le présent ont-ils valeur générale ou particulière ? Dans le premier cas on considère *tu* comme un *tu* générique, un substitut de *on,* avec lequel il peut effectivement commuter *(Quand* **on** *lui demande quelque chose, il ne* **te** *répond même pas)*.

• Le « *tu* générique » ne représente pas l'unique possibilité d'insérer le récepteur dans l'énoncé ; le **datif éthique** le fait aussi, mais différemment : l'allocutaire individualisé se trouve intégré dans l'énoncé *à titre de témoin fictif,* mais sans jouer aucun rôle dans le procès, si bien que sa suppression n'altèrerait en rien l'énoncé au niveau du contenu :

> *Les prix* **te** *montent à une allure folle depuis deux ans !*
> *Il* **te** *lui a donné un de ces coups !*

Cette forme caractéristique de la langue parlée est liée à des énoncés emphatiques, présentant des faits spectaculaires.

On peut aussi parler de datif éthique pour certains emplois de la 1re personne, mais ce tour suppose qu'il existe une relation de proximité quelconque entre l'énonciateur et les actants du procès : *Jean* **m'***a trouvé le moyen de saccager le jardin du boucher* ne se comprend que si l'énonciateur est la mère, le professeur, etc., de Jean et qu'il entend marquer que l'événement l'affecte.

Hors contexte il peut y avoir ambiguïté sur l'interprétation des énoncés ; ainsi pour *Alfred* **te** *perce ce coffre en cinq minutes !* a-t-on affaire à un datif syntaxique (où le bénéficiaire est l'allocutaire actuel), à un « *tu* générique » ou à un datif éthique ?

2. DIMENSION SOCIOLINGUISTIQUE DE LA PERSONNE

Le fonctionnement des personnes linguistiques apparaît comme un processus d'échange incessant entre deux rôles indissociables, celui d'énonciateur et celui d'allocutaire, une réciprocité indéfinie par laquelle tout *je* est un *tu* virtuel et tout *tu* un *je* virtuel : JE $\rightleftarrows$ TU. Ce schéma structuralement *égalitaire* se trouve pourtant confronté à l'existence de rapports *hiérarchiques* qui interdisent ou modulent la réciprocité : hiérarchie sociale, mais aussi hiérarchie entre sujets doués de parole et êtres non-parlants.

— Non-personne et hiérarchie

L'usage de la non-personne en lieu et place de la 2e personne accompagné de l'effacement du *je* constitue la marque linguistique d'extrême respect *(Madame est servie, Son Excellence est-elle satisfaite ?...),* quoique ce phénomène soit en récession dans notre société. En n'utilisant ni *tu,* ni même le *vous* de politesse, le locuteur s'exclut lui-même de la réciprocité de l'échange linguistique. Tout se passe comme s'il s'adressait à quelqu'un qu'il ne constitue pas en allocutaire pour se dénier toute commensurabilité avec lui. On raconte que le roi Léopold Ier disait à son valet : **Il** *veut son épée* (et non « je veux ») ; cette substitution est le revers du même phénomène : en ne disant pas *je* pour parler à un inférieur le roi excluait implicitement celui-ci du statut de *tu* et donc d'un échange dans la parfaite réciprocité.

— Les êtres non-parlants

L'échange entre *je* et *tu* peut se heurter à un autre type de dénivellation, qui, cette fois, n'est pas seulement d'ordre social : il s'agit du problème posé par les êtres qui appartiennent à la sphère d'intimité des locuteurs mais qui ne sont pas doués de parole. On sait qu'on ne s'adresse à la deuxième personne qu'à un allocutaire, c'est-à-dire à un sujet capable de dire *je ;* or avec les bébés et les animaux familiers on se trouve à la fois contraint de leur parler, puisqu'ils participent de notre intimité, et conscient qu'ils ne pourront répondre, qu'ils ne sont pas des interlocuteurs à part entière. De là le procédé qui consiste à user de *je* ou *nous,* ou encore de la non-personne à la place de *tu :*

> **J'***ai de beaux yeux,* **moi,** *comme* **j'***ai l'air sage !*
> **Nous** *sommes si gentils !*
> **Il** *a de beaux poils,* **ce toutou-là !**

L'essentiel est donc de subvertir la réciprocité : soit en faisant assumer ses propos par l'allocutaire (emploi de la 1re personne), soit en parlant de l'allocutaire à la non-personne, comme s'il était extérieur à la sphère de la locution. Ce qui est ainsi énoncé ne saurait être, au sens strict, que « sans réplique ». On remarquera qu'on trouve un usage parallèle du *nous* sur le plan de la hiérarchie sociale quand un supérieur s'adresse à un inférieur : « Nous allons mieux aujourd'hui ? » (médecin à malade), « Nous sommes en retard ? » (employeur à employé)... Ce *nous* apparaîtrait déplacé dans la bouche de l'inférieur.

— Tu/vous

Jusqu'ici nous avons raisonné à un niveau relativement abstrait en ramenant les 1re et 2e personnes aux seuls *je* et *tu ;*pourtant, tout francophone sait par expérience qu'il choisit à chaque instant entre le *tu* et le *vous* dit « de politesse » quand il s'adresse à quelqu'un. Les énoncés doivent en effet être bien formés non seulement linguistiquement mais aussi socialement.

En principe le *tu* s'oppose au *vous* singulier comme une forme de familiarité, d'égalité à une forme de distance et de politesse. Le *vous* constitue la forme non-marquée de l'opposition, sur le fond de laquelle le *tu* se détache : on dit « tutoyons-nous » et très rarement « vouvoyons-nous », le vouvoiement étant en général la forme spontanément utilisée, sauf chez les enfants, qu'on habitue peu à peu à passer d'un *tu* généralisé à un *vous* généralisé.

S'il est indéniable que le choix de *tu* ou *vous* est porteur d'une signification sociale importante, il s'en faut de beaucoup cependant que les notions de « politesse » ou « respect » suffisent à rendre compte de cette signification. Avant toute chose le vouvoiement et le tutoiement sont des **actes :** en s'adressant à quelqu'un sur le mode du *tu,* l'énonciateur impose un certain cadre à leur échange verbal, cadre que le récepteur peut refuser, mais au prix d'une réaction agressive. Dire *tu* ou *vous,* cela revient d'un seul mouvement à

1) se donner à soi-même un certain statut social,
2) donner un certain statut à autrui.

Autrement dit, l'énonciateur répond implicitement à des questions telles : « Qui suis-je pour lui parler au *tu/vous* ? » et « Qui est-il pour que je lui parle au *tu/vous* ? ». De son côté, l'allocutaire peut se demander de quel droit on lui parle ainsi.

Le tutoiement n'est pas nécessairement une forme dépréciative. En fait, tout dépend de la situation de communication, c'est-à-dire des conventions en usage dans le groupe social dans lequel s'inscrit l'énoncé. Il y a en effet bien des cas où le vouvoiement serait marque d'impolitesse, étant interprété comme mise à distance déplacée. Considérons un exemple limité, mais net d'un point de vue pédagogique, celui d'un capitaine de carrière dont le comportement est le suivant dans la vie professionnelle :

— il tutoie les appelés du contingent,
— il tutoie les autres officiers,
— il vouvoie ses supérieurs,
— il vouvoie les sous-officiers.

Cette disparité s'explique très bien : l'appelé est tutoyé parce que sans grade et exclu de l'institution militaire ; en revanche, le tutoiement des collègues officiers est le signe obligatoire de l'appartenance à la même sphère (le vouvoiement est totalement exclu et passerait pour un rejet). Vouvoyer ses supérieurs et ses inférieurs, c'est affirmer la distance hiérarchique : on vouvoie donc aussi bien par respect que pour exclure de la réciprocité ; le sous-officier, en tant que militaire de carrière gradé ne saurait être tutoyé.

L'emploi de *tu* ou *vous* n'est donc pas univoque et doit être rapporté à des contextes sociaux déterminés ; il arrive fréquemment qu'on tutoie une personne dans certaines situations et qu'on la vouvoie dans d'autres. Les animateurs de radio et de TV, par exemple, se vouvoient à l'antenne et le plus souvent se tutoient hors antenne : s'ils se tutoyaient à l'antenne ils donneraient l'impression de créer une sphère d'intimité qui exclut les auditeurs alors que précisément leur but est de créer une sphère d'intimité avec ceux-ci. Ce n'est donc pas là un problème de « politesse » mais de conditions d'énonciation.

3. LA PERSONNE ET LES TYPES DE DISCOURS

L'usage de la langue ne se limite pas aux seuls échanges linguistiques « courants » ; dès qu'on aborde le domaine des différents *types de discours* on a nécessairement affaire à des systèmes plus ou moins lâches de contraintes spécifiques quant à l'emploi des personnes. Chaque type de texte peut se caractériser par un fonctionnement original des structures linguistiques et les personnes en sont partie prenante. Il est évidemment impossible de considérer l'infinie diversité des cas envisageables, aussi citerons-nous seulement deux exemples significatifs :

• Le *nous* dit « de majesté » placé dans le texte d'un décret officiel (« Nous, X, roi... ») sert essentiellement à rapporter le texte à un énonciateur, donc à une 1re personne, mais en évitant l'emploi de *je.* En effet, *je* présenterait l'inconvénient :

a) de poser le monarque, censé représenter le pays, en simple subjectivité, particulier parmi d'autres;
b) de l'opposer à un *tu,* ses sujets, destinataires du texte ; par le *nous* le destinataire se trouve inclus dans la sphère de l'énonciateur pour l'assumer avec lui.

• Il existe également un *nous* dit « d'auteur » particulièrement utilisé dans les ouvrages didactiques (« Nous *avons vu que... maintenant il* nous *faut démontrer...* »). Cette forme permet de faire *assumer les propos* par un *je,* mais

a) Cet énonciateur n'est pas un individu parlant en son nom propre *(je),* c'est, derrière lui, l'ensemble d'une communauté savante unanime. Par une sorte de « contrat énonciatif » l'auteur se pose en délégué d'une collectivité investie de l'autorité d'un Savoir dont la légitimité repose sur une institution et, au-delà, la Science.

b) Le *nous* permet d'intégrer le destinataire, en l'occurrence l'enseigné : c'est l'énonciateur et l'enseigné qui assument en commun le texte du manuel, empruntent méthodiquement le parcours didactique qu'il impose. C'est d'ailleurs là le but de tout discours didactique : faire coïncider à la fin enseignant et enseigné dans le partage des mêmes connaissances.

La langue n'est pas un simple instrument, un outil neutre au fonctionnement homogène, indifférent aux usages diversifiés qui en sont faits. Elle a un **fonctionnement pluriel :** selon les types de situations de communication (statut social des interlocuteurs, code oral/écrit, type de discours...) des arrangements originaux se mettent en place.

CHAPITRE 2 : LES DÉICTIQUES

A côté des *personnes* il existe d'autres embrayeurs, les **déictiques,** dont la fonction est d'inscrire les énoncés-occurrences dans l'espace et le temps par rapport au point de repère que constitue l'énonciateur. En aucun cas, par conséquent, il ne faut dissocier personnes et déictiques. Même si la personne y joue un rôle dominant, la triade MOI-ICI-MAINTENANT est indissociable, clé de voûte de toute l'activité discursive.

De même, dans notre exposé nous distinguons nettement entre déictiques spatiaux et temporels. Cette nécessaire distinction ne doit pourtant pas non plus faire oublier que ces deux grilles centrées sur la personne du locuteur présentent d'indéniables affinités, en particulier dans la mesure où le découpage de l'espace, quoique beaucoup moins riche que celui du temps, a fortement contribué à l'organisation de ce dernier. C'est là un point que nous n'avons pas le loisir de développer ici ; on notera quand même l'ambiguïté significative d'un terme comme *présent,* qui réfère à la fois au temps et à l'espace, comme le double rôle des déterminants démonstratifs et de l'opposition *-ci* vs *là :*

Ici	*ce livre-ci* *ceci*		*ce livre-là* *cela*	**Là**
Maintenant	*ce matin* *ce samedi-ci* *à cette heure-ci*	VS	*ce matin-là* *ce samedi-là* *à cette heure-là*	**Alors**

1. LES DÉICTIQUES SPATIAUX

Le point de repère des déictiques spatiaux c'est la position qu'occupe le corps de l'énonciateur lors de son acte d'énonciation. On distingue plusieurs types de ces déictiques :

— Les démonstratifs

Cet ensemble comprend deux classes : celle des déterminants (*ce...* (*ci/là*)) et celle des « pronoms » *(ça, ceci, cela, celui-ci/là)*. Il ne faut pas perdre de vue que ces morphèmes sont ambigus hors contexte : ils peuvent fonctionner comme *anaphoriques* substituts aussi bien que comme *déictiques*. Ainsi *ça* sera un élément déictique dans *« Regarde* **ça** *! »* et un élément anaphorique dans *« Paul a été gentil ;* **ça** *m'étonne de lui » ;* de même, *ce* sera déictique dans *« Je prends* **ce** *livre »* et anaphorique dans *« J'ai lu « Candide » ;* **ce** *roman me plaît beaucoup »*. Dans leur fonction déictique ces morphèmes accompagnent un geste de l'énonciateur indiquant à l'allocutaire un objet perceptible dans la situation de communication. On peut toutefois distinguer les purs déictiques *(ça, ceci, cela)* de ceux qui se combinent avec un nom *(ce bateau...)*, qui par son signifié restreint déjà considérablement la classe des référents possibles du groupe nominal.

Il ne faudrait pourtant pas croire que l'emploi du déterminant démonstratif se limite à ses strictes fonctions anaphoriques et déictiques, ni que cette opposition revête un caractère absolu. La notion de *situation de communication,* si on la prend en un sens large fait intervenir plus que les personnes et leurs coordonnées spatio-temporelles, elle inclut également tout un environnement socio-culturel, l'ensemble des circonstances déterminant un acte d'énonciation. Dans ces conditions, on voit très fréquemment un locuteur employer *ce + N* pour référer à des objets qui ne sont ni visibles ni présents dans un fragment antérieur du dialogue, mais qui appartiennent à l'univers de discours commun aux interlocuteurs. Un Français qui, pendant la seconde guerre mondiale, aurait commencé une conversation par *« Cette guerre, quelle horreur ! »* n'aurait eu aucun mal à indiquer ce à quoi il réfère.

— Les présentatifs

Ces éléments *(voici/voilà)* servent à signaler à l'attention de l'allocutaire l'apparition de référents nouveaux : *«* **Voilà** *les invités qui arrivent ! »*. Comme les démonstratifs ces morphèmes peuvent également jouer le rôle d'éléments anaphoriques. *(« Laisse-moi ! »,* **voilà** *tout ce qu'il a su me dire)*.

— Les éléments adverbiaux

Il s'agit d'un ensemble d'adverbes et de locutions adverbiales répartis en divers micro-systémes sémantiques :

— *ici/là/là-bas*
— *près/loin*
— *en-haut/en-bas*
— *à gauche/à droite,* etc.

Ces micro-systèmes d'oppositions correspondent à divers découpages de la catégorie de la spatialité. Si on ignore la position du corps de l'énonciateur qui les a émis, ces termes restent parfaitement opaques ; si ce corps change de place, leur interprétation change corrélativement. Il en va de même dans un dialogue si les deux protagonistes ne se trouvent pas au même endroit : ce qui était *ici* et *à gauche* pour l'un peut fort bien être situé *là* et *à droite* pour l'autre sans que les objets désignés aient objectivement changé de position. On notera qu'*ici* peut avoir deux valeurs distinctes : tantôt il renvoie à un lieu qui englobe l'énonciateur (cf. *Il est ici depuis hier,* où *ici* = Lyon), tantôt à un endroit qu'il détermine à l'extérieur de lui-même (cf. *regarde ici !).*

— Proximité et éloignement

On aura sans doute remarqué dans ces diverses rubriques l'importancc de l'axe sémantique *proximité de l'énonciateur* vs *éloignement;* en principe le couple *(i)ci* vs *là* est fondé sur cette opposition : *ce N-ci, ceci, voici, ici, celui-ci,* vs *ce N-là, cela, voilà, là, celui-là.* En fait, le plus souvent *là* neutralise l'opposition et marque donc une localisation indépendamment de la prise en compte du degré de proximité : *cet objet-là, voilà...* réfèrent aussi bien à un objet proche qu'à un objet éloigné. Cette déficience du système a d'ailleurs obligé la langue à utiliser *là-bas* (auparavant antonyme de *là-haut*) pour signifier l'éloignement, ou encore à recourir à des formes parlées redondantes : *celui-là-là.* Si *ici* continue à marquer univoquement la proximité et se trouve encore très employé, on assiste en revanche à une nette récession des autres formes en *-ci.*

La notion de *distance* peut également fonctionner ailleurs que dans l'espace, dans le domaine des jugements de valeur. En effet, mettre à distance un objet peut aussi bien s'entendre comme marque de respect que comme dépréciation, selon une ambivalence que nous avons déjà rencontrée avec le *Vous* « de politesse » (cf. *supra* p. 19). Dans certains contextes l'énonciateur utilisera donc des formes en *-là* pour signifier le caractère positif ou négatif du jugement qu'il porte. C'est ainsi que la forme marquée *Ce garçon-là* pourra figurer aussi bien dans *Ce garçon-là fera une grande carrière* (laudatif) que dans *Ce garçon-là ne m'inspire pas confiance* (rejet).

2. LES DÉICTIQUES TEMPORELS

— Éléments déictiques et non-déictiques

Le système des déictiques temporels est beaucoup plus complexe que celui des déictiques spatiaux. Le point de repère des indications temporelles, c'est **le moment où l'énonciateur parle,** le « moment d'énonciation », qui définit le **présent** linguistique. C'est par rapport à son propre acte d'énonciation que le locuteur ordonne la chronologie de son énoncé et l'impose à l'allocutaire. Ainsi dans *Aujourd'hui je me sens mieux* le morphème *aujourd'hui* comme l'affixe « présent » du verbe ne sont pas interprétables si on ignore à quel moment cet énoncé-occurrence a été produit : tous deux constituent des éléments déictiques temporels.

Toutes les indications temporelles ne sont cependant pas *directement* repérées par rapport au moment d'énonciation (ME) ; si l'on considère par exemple la phrase *Le lendemain de la fête, Paul s'est promené avec Sophie* on se rend compte que *le lendemain* est situé dans le temps grâce au point de repère que constitue le syntagme *la fête* et non par rapport au ME. Ce point de repère est lui-même rapporté au ME par l'emploi d'un « temps » du passé. En revanche dans *Hier il s'est promené avec Sophie,* l'adverbe *hier* est directement rapporté au ME. Dans la présentation des éléments porteurs d'indications temporelles il va donc nous falloir distinguer nettement deux séries : celle des **déictiques,** tels *hier* ou *aujourd'hui,* qui sont fixés grâce au ME, et celle des éléments **non-déictiques** fixés à l'aide de repères présents dans l'énoncé. Pour les déictiques le repère R coïncide donc avec le ME (R = ME) tandis que pour les non-déictiques R est distinct du ME (R ≠ ME), lui étant selon les cas postérieur ou antérieur.

Les déictiques seuls, en tant qu'embrayeurs, relèvent de la temporalité spécifique de la langue et non d'une quelconque chronologie extralinguistique. Ils se présentent sous deux formes : d'une part des éléments adverbiaux ou des syntagmes prépositionnels *(demain, dans dix mois...),* d'autre part des informations intégrées aux affixes des conjugaisons verbales, les « temps », qui se répartissent dans les trois dimensions du *présent,* du *passé* et du *futur.* Nous allons nous intéresser immédiatement au premier ensemble, réservant l'étude des affixes temporels pour la deuxième partie de cet ouvrage.

— La visée temporelle

Déterminer une distinction entre éléments déictiques et non-déictiques ne suffit pas si l'on veut faire une analyse réellement opératoire. Il faut en effet tenir compte aussi de la **visée temporelle,** c'est-à-dire du point de vue selon lequel le temps est considéré : on peut l'envisager comme une *répétition* (une « itération »), un *point* ou une *durée.* Ce qui peut se résumer par l'arbre suivant, dans lequel à chaque visée correspond une question :

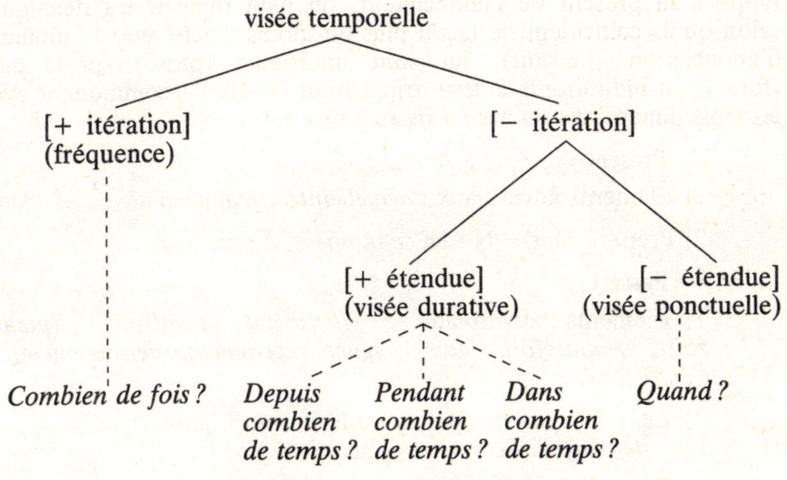

Ce tableau n'est pas exhaustif : en combinant visées durative et ponctuelle on obtient les questions *Depuis quand ?* et *Jusqu'à quand ?* Si les différents morphèmes temporels sont rattachables à l'une ou l'autre des questions (par exemple *hier* à *Quand ?* et *depuis un mois* à *Depuis combien de temps ?*) il existe cependant des ambiguïtés : ainsi à la question *Quand est-il parti ?* peut-on répondre aussi bien par *hier* (visée ponctuelle) que par *il y a trois mois* (visée durative).

Certaines de ces visées ne présentent pas d'intérêt pour notre propos dans la mesure où elles sont totalement indépendantes des actes d'énonciation qui les prennent en charge ; c'est le cas des questions *Combien de fois ?* et *Pendant combien de temps ?* Il en va de même pour les dates. En effet, si *depuis un an* ou *après-demain* ne sont pas interprétables si on ne prend pas en compte le moment de leur énonciation, *six fois, pendant huit jours* ou *le 16 janvier 1345* constituent des indications stables, indépendantes des énoncés-occurrences dans lesquels elles figurent.

Nous ne considérerons donc que les morphèmes correspondant à *Depuis/Dans combien de temps ?* et *Quand ?* (à l'exception des dates).

On laissera de côté *Depuis/Jusqu'à quand ?,* qui se contentent d'utiliser les mêmes morphèmes que ceux rattachés à *Quand ?* en les faisant précéder de *depuis* ou *jusqu'à.* Pour chaque visée on distinguera les déictiques (pour lesquels R = ME) des non-déictiques (pour lesquels R ≠ ME).

— La visée ponctuelle

• **Quand R = ME** c'est-à-dire quand les déictiques s'organisent par rapport au présent de l'énonciateur, on peut répartir les déictiques selon qu'ils coïncident de façon plus ou moins stricte avec le moment d'énonciation (présent), lui sont antérieurs (passé), postérieurs (futur), ou indifférents à cette tripartition (qu'ils s'accommodent avec les trois dimensions ou avec « passé » et « futur » seulement) :

— Présent :

1) Éléments adverbiaux : *actuellement, maintenant...*

2) Prép. + Det + N : *en ce moment, à cette heure...*

— Passé :

1) Éléments adverbiaux : *Hier/avant (avant)-hier, (matin, soir...) ; autrefois, jadis, naguère/récemment, dernièrement.../ l'autre jour...*

2) *Le* + N + *dernier/passé,* où N + *(mois, jour...).*
N + *dernier,* où N = (lundi, mardi...)

— Futur :

1) Éléments adverbiaux : *demain/après-(après)demain (midi, soir...) ; immédiatement, bientôt,* etc.

2) *Le* + N + *prochain/qui vient,* où N = *(mois, année...)*
N +*prochain,* où N = (lundi...)

— Passé/futur et passé/présent/futur :

1) *aujourd'hui, tout à l'heure*
2) Ce + N, où N = *(matin, midi, été, année...)*
3) *Lundi ; mardi...*
(Il est venu/dort/partira **aujourd'hui**
Il est arrivé/partira **lundi, ce midi, tout à l'heure...**)

On aura noté la variété morphologique de ces éléments déictiques. Il apparaît une symétrie remarquable entre passé et futur : à *hier* correspond *demain,* à *dernier* fait face *prochain,* et ainsi de suite. Le présent joue ici le rôle d'axe de symétrie, et *avant-hier* ou *après-demain* ne sont finalement que *hier* ou *demain* reportés à un degré supérieur. Aucun de ces déictiques ne fait appel à un calcul extralinguistique du temps ; en revanche, dire **le deuxième jour après aujourd'hui* serait recourir à une mesure extérieure à la langue.

L'interprétation des déictiques en *ce* + N *(-ci)* amène à prendre en compte les unités de la chronologie : *ce soir, ce midi...* réfèrent au soir, au midi de la journée qui inclut le ME ; *cet été,* de même, renvoie à l'année en cours. Les périodes à la jointure de deux unités sont souvent ambiguës : *cet hiver* peut référer à l'hiver passé ou à celui qui vient ; en fait, cela dépend surtout du degré d'éloignement entre le ME et la période concernée.

• **Quand R ≠ ME,** c'est-à-dire quand il ne s'agit pas de déictiques, on distingue les éléments destinés à référer au repère lui-même (que celui-ci soit passé ou futur par rapport au ME) de ceux qui indiquent un moment antérieur ou postérieur à ce repère.

— Coïncidence avec le repère :

1) *alors*
2) *ce* + N + *là,* où N = *(seconde, jour, lundi, nuit...)*
3) Prép. + *ce* + N (+ *là),* où Prép. = *(à, en)*

— Antériorité au repère :

1) *La veille, l'avant-(avant)-veille*
2) Quantitatif + N + *avant/auparavant, plus tôt,* où Quantitatif = *(un, deux, plusieurs...)*
3) *Le* + N + *d'avant/précédent*

— Postériorité au repère :

1) *Le lendemain, le surlendemain*
2) Quantitatif + N + *après/plus tard*
3) *Le* + N + *d'après/suivante*

Comme pour les déictiques, il s'établit une symétrie très nette entre les éléments indiquant une antériorité au repère et ceux indiquant la postériorité : *la veille/ le lendemain, d'avant/d'après,* etc.

— La visée durative

Par cette visée le temps est considéré comme s'écoulant depuis une origine jusqu'à un repère (attitude **rétrospective**) ou à partir d'un repère jusqu'à une limite postérieure (attitude **prospective**). Ici encore nous ferons la distinction entre les déictiques et les non-déictiques.

*A — **Attitude rétrospective :**

• **Quand R = ME** deux possibilités s'offrent : soit le procès dont on entend déterminer l'origine dure encore au ME (durée ouverte) : *Ça* *fait trois jours qu'il pleut sans arrêt;* soit il est achevé (durée fermée) et on évalue la distance qui le sépare du ME : *Il a plu il y a trois jours.* Ces deux possibilités conduisent souvent le locuteur à employer des morphèmes et des « temps » distincts. En effet, certains éléments temporels sont compatibles avec les deux types de durée alors que d'autres n'en tolèrent qu'un seul.

— *Avec les deux durées : ça fait... que, il y a... que, voilà... que;* autant d'éléments compatibles avec passé composé et présent : **Ça fait** *trois jours* **qu'***il a plu/ pleut.*

— *Avec la durée fermée : il y a, ça fait, voilà* ne se combinent qu'avec des formes verbales marquant un fait localisé dans le passé, daté : *Il a plu* **voilà** *trois jours* mais **Il neige* **voilà** *trois jours.*

— *Avec la durée ouverte : depuis (Il pleut* **depuis** *hier).* On notera cependant que *depuis* est compatible avec le passé composé quand il s'agit d'états et non de faits datés : **Il s'est blessé depuis trois jours* (événement)/*Il est blessé depuis trois jours* (état).

• **Quand R ≠ ME** on distingue le cas où le repère est antérieur au ME du cas où celui-ci lui est postérieur.

— R antérieur :

1) *Depuis, il y avait/a eu... que, ça faisait/a fait... que* sont compatibles avec les deux durées : **Il y avait** *un mois* **qu'***il neigeait quand je suis arrivé* et **Il y avait** *un mois* **qu'***il avait décidé de finir.*

2) *Il y a eu, ça a fait,* où Quantitatif + N + *avant/plus tôt* ne se combinent qu'avec une durée fermée : *Il est parti* **il y a eu** *un mois hier/Je suis arrivé le 1er, mais il était parti un mois* **plus tôt.**

N.B. *Il y avait* et *ça faisait* posent un problème particulier ; ils sont liés à la durée fermée et ne figurent guère que dans le discours rapporté (cf. IIIe partie). Ce sont en réalité les déictiques *il y a* et *ça fait* transposés sous l'effet de la concordance des temps ; d'ailleurs on peut les faire commuter avec *voilà* sans la moindre difficulté. Ainsi cet énoncé :

> *César ne trouva pas les Gaulois parce qu'ils étaient partis il y avait deux jours.

est peu acceptable, alors que ceux-ci :

> César ne trouva pas les Gaulois. On lui raconta qu'ils étaient partis il y avait deux jours (discours indirect).
>
> César ne trouva pas les Gaulois. On le renseigna : ils étaient partis il y avait deux jours (discours indirect libre).

le sont tout à fait.

— R postérieur :
1) *Depuis, il y aura... que, ça fera... que* se combinent avec les deux durées : *A ce moment-là* **il y aura** *un mois* **qu'***il sera parti* et *Il y* **aura** *une heure* **qu'***il s'acharnera quand tu arriveras.*
2) *Il y aura, ça fera,* Quantitatif + N + *avant/plus tôt* sont associables seulement avec la durée fermée : *Il sera parti* **ça fera** *un mois demain.*

Comme on le voit, *depuis* apparaît l'élément le plus stable pour cette « rétrospection », étant utilisable sans modification pour R = ME comme pour R ≠ ME.

*B — **Attitude prospective :**

On considère ici la durée qui s'écoulera avant qu'un fait se réalise ou se soit réalisé. Il faut opérer une distinction non seulement entre déictiques et non-déictiques mais aussi entre évaluation précise et évaluation approximative de cette durée.

• **Quand R = ME :**
— *Évaluation précise : Dans* + Quantitatif + N : *Il partira* **dans** *deux semaines.*
— *Évaluation approximative : Dans les* + Quantitatif + *(qui viennent) ; d'ici/avant* + Quantitatif + N ; *sous* + Quantitatif + N ; ou *sous* + N, où N = *(huitaine, quinzaine).*

• **Quand R ≠ ME** (que ce repère soit antérieur ou postérieur au ME) :
— *Évaluation précise :* Quantitatif + N + *après/plus tard : Il partit/partira trois jours* **après.**
— *Évaluation approximative : Avant/sous* + Quantitatif + N ; *dans les* + Quantitatif + N *(qui suivirent/ suivront) : Il partira* **sous/dans les** *trois jours.*

CHAPITRE 3 : EMBRAYEURS ET TYPOLOGIE DES DISCOURS

1. ORAL/ÉCRIT ET EMBRAYEURS

— Temps et sujet d'énonciation vs temps et sujet d'énoncé

Jusqu'à présent nous avons considéré les déictiques temporels sans faire une distinction entre **temps de l'énonciation** (Tn) et **temps de l'énoncé** (Té). Ces deux temporalités, en effet, peuvent coïncider ou non ; dans un énoncé comme *Je suis content de vous rencontrer* Tn et Té coïncident : le procès de l'énoncé est au présent, lequel s'identifie par définition au temps de l'énonciation. En revanche, l'énoncé *J'ai été/serai content de voir Paul hier/demain* nous oblige à opérer une distinction entre Tn et Té : il y a une coupure entre le moment où l'énoncé est produit et celui auquel réfèrent ses déictiques (« passé », « futur », *hier, demain*). On pourrait faire des remarques analogues pour l'espace et distinguer « lieu de l'énonciation » et « lieu de l'énoncé » ; ils coïncident implicitement dans des énoncés tels *il pleut* ou *il a plu hier,* mais ce n'est pas le cas si l'on dit *il pleut aux Canaries,* énoncé pour lequel le lieu donné *(les Canaries)* n'est pas le lieu d'énonciation.

En fait, on ne doit pas dissocier le moment de l'énonciation des personnes : le moment d'énonciation est nécessairement celui d'un sujet. De la même manière qu'on a distingué temps de l'énonciation et temps de l'énoncé, il faut distinguer **sujet d'énonciation** et **sujet d'énoncé ;** en effet, sous-jacent à tout énoncé il y a toujours un *(Je dis)* implicite qui renvoie au sujet énonciateur à l'origine de l'énoncé. Ainsi, dans *(Je dis) « Je vous remercie »* le sujet d'énonciation coïncide avec le sujet d'énoncé, mais il n'en va plus de même dans *(Je dis) « Tu es gentille »* où les deux sujets sont distincts.

— Le message différé

Que Tn coïncide ou pas avec Té, que sujets d'énonciation et d'énoncé coïncident ou non, nous nous sommes placés jusqu'ici dans des conditions optimales en considérant implicitement que l'allocutaire était toujours présent dans la situation d'énonciation et capable de déterminer immédiatement pour chaque énoncé-occurrence à quoi réfèrent *je, tu, ici, hier...* En fait, c'est souvent loin d'être le cas, supposons que *Tu viendras me chercher ici demain* soit sans aucun commentaire supplémentaire mis par écrit ; cet énoncé sera ininterprétable pour le destinataire si le contexte linguistique ne fournit pas les renseignements nécessaires à l'explicitation de ses embrayeurs, c'est-à-dire ne verbalise pas la situation d'énonciation, au moins partiellement. Cette dernière se trouve alors transformée en **situation d'énoncé.**

Nous voici à même de cerner l'un des aspects essentiels de l'opposition entre situation de communication **orale** et situation de communication **écrite,** qui constitue un message *différé* pour lequel destinateur et destinataire sont séparés dans le temps et/ou dans l'espace. Certes, la différence entre oral et écrit ne se réduit pas à un simple problème d'embrayeurs (l'oral offre la possibilité de mimiques, de variations d'intonation, d'interruptions de l'allocutaire, etc.), mais le fait que les embrayeurs ne soient pas interprétables directement à l'écrit contribue à établir une limite théorique stable entre ces deux types de communication.

Il faut cependant se garder de tout schématisme sur ce point ; outre qu'il existe des énoncés ne comportant aucune référence à leur instance d'énonciation (cf. *infra* IIe partie « Discours et récit ») il arrive souvent que le destinateur et le destinataire de l'écrit partagent certaines données situationnelles, si bien qu'il n'est pas nécessaire que le destinateur les verbalise. Plus ce dernier aura une idée précise de son (ses) récepteur(s), plus il partagera de données avec eux et moins l'explication par la situation d'énoncé sera utile.

2. TYPOLOGIE DES DISCOURS

La réflexion sur les embrayeurs débouche immédiatement sur des problèmes de typologie des discours ; elle permet d'aller au-delà du simple partage entre écrit et oral et permet d'articuler différents types de discours sur un usage spécifique de ces embrayeurs. Nous verrons dans la deuxième partie (cf. *infra* p. 55) qu'on doit opérer une distinction importante entre deux types de discours, ceux qui portent la trace d'une référence à leur instance d'énonciation et ceux qui en sont dissociés (ne comportent donc pas d'embrayeurs), mais nous pouvons déjà illustrer ce problème au moyen de deux exemples particulièrement nets, le *discours épistolaire* et le *discours scientifique.*

— Le discours épistolaire

La lettre constitue un objet remarquable de ce point de vue puisque s'y instaure un jeu de correspondances très précises entre les indications portées à l'extérieur du message proprement dit et ce message :

— le *je* est interprété par la signature (si l'écriture n'est pas reconnaissable) et/ou par l'en-tête et/ou par le dos de l'enveloppe.

— le *tu* est essentiellement interprétable grâce à l'indication, sur l'enveloppe et parfois dans l'en-tête, du nom du destinataire, accessoirement par l'attaque (« mon cher frère »...).

— quand le message ne verbalise pas lui-même la situation d'énonciation, les déictiques spatiaux et temporels ne sont décodés correctement que si l'on a une date et un lieu d'énonciation placés à l'extérieur.

Considérons par exemple les déictiques dans cette lettre de Madame de Sévigné :

A madame de Grignan

Vendredi au soir, 24 avril 1671
chez M. de la Rochefoucauld

> J'avais dessein de vous conter que le roi arriva *hier au soir* à Chantilly ; il courut un cerf au clair de la lune. Les lanternes firent des merveilles ; le feu d'artifice fut un peu effacé par la clarté de notre amie ; mais enfin, le soir, le souper, le jeu, tout alla à merveille. Le temps qu'il a fait *aujourd'hui* nous faisait espérer une suite digne d'un si agréable commencement. Mais voici ce que j'apprends *ici,* dont je ne puis me remettre, et qui fait que je ne sais plus ce que je vous mande ; c'est qu'enfin Vatel, le grand Vatel (...) voyant que *ce matin* à huit heures la marée n'était pas arrivée, n'a pu soutenir l'affront dont il a cru qu'il allait être accablé, et, en un mot il s'est poignardé.
>
> (*Lettres choisies..., éd. de 1725.)*

Le déictique spatial *ici* doit être associé à « chez M. de la Rochefoucauld » ; les déictiques temporels *hier au soir, aujourd'hui, ce matin* seront interprétés grâce à l'indication « Vendredi au soir, 24 avril 1671 ».

— Le discours scientifique

Le discours scientifique se caractérise par un usage spécifique des embrayeurs. En ce qui concerne les personnes, on notera l'absence du *tu* et la présence d'un *nous* d'auteur qui commute continuellement avec un *on,* et non avec *je.* Quand le *je* est utilisé il est en général dépourvu de toute valeur individualisante : « **on** *a vu que cette fonction était continue à gauche, maintenant* **je** *vais montrer que...* ».

Quant aux déictiques spatiaux et temporels, ils renvoient le plus souvent **à des textes :** passages précédents ou postérieurs du même ouvrage, autres publications, etc. Parmi les « temps », la forme essentielle, sur laquelle se détachent les autres, c'est le présent à valeur générique ou stative (cf. *infra* p. 53) qui énonce des propriétés soustraites aux contingences événementielles. Un présent à valeur déictique renverra habituellement au moment même de l'exposé, un futur à la suite de l'exposé, un passé à une phase antérieure. Il en va de même s'il s'agit d'ouvrages contemporains, postérieurs ou antérieurs et non plus seulement de l'exposé proprement dit. Dans ce type de discours on peut dire que la situation d'énonciation est définissable avant tout comme **un champ de textes.**

Soit cet extrait d'un ouvrage de linguistique, situé au début d'un chapitre :

> « Dans **ce** chapitre **on présentera** le concept de « sémantique » et d'autres concepts qui s'y rattachent dans un cadre théorique assez vaste. **Sera précisé** également, dans ce cadre, le rapport entre sémantique et syntaxe, tel que **nous venons de** le **présenter.** Le cadre adopté **ici** pour ces descriptions est celui de la théorie générale des signes, que l'**on** nomme également *sémiotique.* »
>
> (H. BREKLE : *Sémantique,* A. Colin, 1974, p. 19.)

— *Les personnes :* sont employés *on* et *nous,* qui commutent parfaitement dans ce contexte. Le *nous* ne se situe pas ici par rapport à un *tu.*

— *Les « temps » :* les futurs *(présentera, sera précisé)* réfèrent à la suite du chapitre ; le passé immédiat *(venons de présenter)* réfère au chapitre précédent. Le texte contient également plusieurs présents *(se rattache, est, nomme)* dépourvus de valeur temporelle.

— Les *déictiques spatiaux :* on trouve un démonstratif *(ce chapitre)* et un adverbe *(ici) ;* l'un comme l'autre indiquent des lieux textuels : le chapitre dans lequel ils sont inclus.

Ces quelques remarques ne visent qu'à donner une idée des possibilités qu'offre une telle problématique. Derrière ces faits ponctuels on doit lire une réorientation de certaines branches de la linguistique. Plutôt que de se fonder sur une mythique « homogénéité » d'un corpus censé représenter « la » langue, comme le faisaient les structuralistes, les théories de l'énonciation amènent à différencier systématiquement les pratiques discursives. Cette perspective oblige à cesser de s'en tenir exclusivement aux limites de la phrase et à étudier de quelle façon, dans une structure textuelle déterminée, un énonciateur inscrit une certaine relation au monde, à autrui, aux autres textes... C'est dans cette optique que Benveniste a opposé deux dimensions de l'analyse linguistique : celle du *semiotique,* qui envisage la langue comme système de signes, et celle du *sémantique :*

> « Avec la sémantique nous entrons dans le mode spécifique de signifiance qui est engendré par le DISCOURS. Les problèmes qui se posent ici sont fonction de la langue comme productrice de messages. Or le message ne se réduit pas à une succession d'unités à identifier séparément (...). Du signe à la phrase il n'y a pas transition, ni par syntagmation ni autrement. Un hiatus les sépare. Il faut donc admettre que la langue comporte deux domaines distincts, dont chacun demande son propre appareil conceptuel. »
>
> *(Problèmes de linguistique générale* II, Gallimard, 1974, p. 64 et p. 65.)

INDICATIONS BIBLIOGRAPHIQUES

Sur les embrayeurs :

— R. JAKOBSON : *Essais de linguistique générale,* chap. 9, « Les embrayeurs, les catégories verbales et le verbe russe » (coll. « Points »).

— E. BENVENISTE : *Problèmes de linguistique générale* (Gallimard, 1966) ; voir le chap. XVIII « Structure des relations de personne dans le verbe » et le chap. XX « La nature des pronoms ».
Problèmes de linguistique générale II (Gallimard, 1974), chap. V : « L'appareil formel de l'énonciation ».

Sur les déictiques temporels :

– J. PINCHON : « Problème de classification : les adverbes de temps » *(Langue française,* n° 1, 1969).
– C. KERBRAT-ORECCHIONI : *L'énonciation de la subjectivité dans le langage,* (A. Colin, 1980), chap. 2.

EXERCICES SUR LA PREMIÈRE PARTIE

• *Relevez et classez les embrayeurs dans les textes suivants :*

* « La première fois que nous sommes venus ici, c'était il y a dix ans... tiens, juste un mois avant que Jean, il parte pour le service. Je me souviens qu'à cette époque-là toi tu voulais pas venir avec nous... et puis l'année d'après tu voulais plus partir à la montagne... je vois ça encore, t'étais là-bas, à gauche, et tu te cramponnais à mon bras en criant : « je veux pas aller avec toi ! ». »

* « Cet endroit devait être très agréable avant la guerre ; je pense aux gens qui se promenaient ici tout l'été, allaient ça et là jusqu'à la tombée du jour ; vous avez connu ça vous aussi pendant vos études à Paris. A cette époque on vivait mieux ici-bas que maintenant. »

* « Je ne suis plus malade, ma Sœur. Oui bien, il y a quatre jours que j'avais une fièvre double tierce continue. Mais, hier au soir, j'ai eu un mouvement de demander avec force au bon Dieu que, par l'intercession de M. de Saint-Cyran, aujourd'hui au Ciel, il me fasse la grâce d'être guérie ce matin. Et, ce matin, ma fièvre est tombée, mes forces sont revenues, je marche, me voici. » (H. de Montherlant, *Port-Royal,* Livre de Poche 1963, p. 57).

• *Comparez ces quatre extraits de presse du point de vue de leurs indications temporelles ; tenez compte des conditions d'énonciation spécifiques des journaux.*

* La *Société automobile Peugeot* annonce dans un communiqué le lancement d'un nouveau modèle de voiture. Cette berline s'ajoutera à la gamme actuelle de Peugeot et prendra place entre la 504 et la 604. La commercialisation de cette nouvelle voiture est prévue en France avant le début de l'été prochain. Les premières livraisons à l'exportation interviendront quelques mois plus tard. » (*Le Monde,* 14 avril 1979).

* *Le monument érigé à la mémoire de Missak Manouchian* et de vingt-deux de ses compagnons, des résistants d'origine étrangère fusillés par les Allemands le 21 février 1944, a été souillé à la peinture dans la nuit du 16 au 17 mars, à Vaulx-en-Velin (Rhône). » (*Le Monde,* 14 avril 1979).

* *Un homme soupçonné du meurtre de son amie,* dont on avait retrouvé la tête il y a un mois, dans une rue de la banlieue de Rouen, a été arrêté dimanche à son domicile. C'est là, en effet, au 33 rue Saint-Hilaire, que les policiers, avertis par un coup de téléphone anonyme, ont trouvé le tronc de la victime, dans un sac en plastique. » (*Le Matin,* 6 mars 1979).

* *Une amie de Chtcharanski est autorisée à émigrer en Israël.* Une militante juive des droits civiques, Mme Dina Bellin, a été avertie par les autorités soviétiques, le lundi 6 mars, qu'elle allait obtenir le visa pour Israël qu'on lui refusait depuis six ans. Elle devra avoir quitté l'U.R.S.S. avec son mari et ses deux filles dans les douze jours. Mme Bellin est une amie proche d'Anatole Chtcharanski. Après l'arrestation de ce dernier, le 15 mars 1977, son appartement avait été perquisitionné par la police. (*Le Monde,* 9 mars 1978).

• *Les divers indicateurs temporels peuvent s'analyser à l'aide de la grille esquissée au chapitre 2. Par exemple* **demain** *dans* **Paul partira demain** *pourrait s'analyser de la manière suivante : Visée ponctuelle, R = ME, déictique « futur » (= postérieur au ME). En vous inspirant de cette démarche relevez et étudiez les morphèmes porteurs d'indications temporelles dans les énoncés suivants (déterminez en particulier s'il s'agit de déictiques et précisez leur repère) :*

— Hier Louis est venu me voir pour organiser la sortie de lundi prochain.
— La veille du 1er mai, juste un an après ton départ, ils ont voulu recommencer, mais ce jour-là j'ai résisté.
— Elle était chez nous depuis une semaine quand tu l'as vue.
— Il restera un mois et ira trois ou quatre fois à Nice.
— Le surlendemain de ton anniversaire on invitera tes camarades.
— Voilà vingt jours qu'il ne donne pas de nouvelles, aujourd'hui je suis vraiment inquiet car ça va faire demain une semaine que Jean l'a vu pour la dernière fois.
— Dans un mois tout sera fini mais j'espère que vous reviendrez l'an prochain ou dans les mois qui viennent.
— Ça fera huit mois dans une semaine que Pierre est revenu.
— La veille de son allocution, le général a décidé de la reporter neuf jours plus tard.

• *Étudiez les embrayeurs que comporte ce texte en les articulant sur la situation d'énonciation épistolaire :*

À GEORGES IZAMBARD
à Douai

Paris, le 5 septembre 1870.

Cher Monsieur,

Ce que vous me conseilliez de ne pas faire, je l'ai fait : je suis allé à Paris, quittant la maison maternelle ! J'ai fait ce tour le 29 août.

Arrêté en descendant de wagon pour n'avoir pas un sou et devoir treize francs de chemin de fer, je fus conduit à la préfecture, et, aujourd'hui, j'attends mon jugement à Mazas ! — Oh ! *J'espère en vous* comme en ma mère ; vous m'avez toujours été comme un frère : je vous demande instamment cette aide que vous m'offrîtes. J'ai écrit à ma mère, au procureur impérial, au commissaire de police de Charleville ; si vous ne recevez de moi aucune nouvelle mercredi, avant le train qui conduit de Douai à Paris, *prenez ce train, venez ici me réclamer par lettre, ou en vous présentant au procureur,* en priant, en *répondant de moi,* en *payant ma dette !* (...)

Je vous serre la main

Votre pauvre

ARTHUR RIMBAUD
Mazas

• *On a vu que le* **tu** *peut recevoir diverses interprétations (allocutaire, datif éthique,* **tu** *générique) ; dans les phrases qui suivent indiquez les interprétations possibles en justifiant vos choix :*

— Tu es rentré fatigué.
— Il te lui a coupé l'envie de recommencer !
— Tu peux pas lui parler, il est pas là.
— Il te raconte de ces histoires !
— Quand tu as vu ça, t'as vraiment envie de renoncer.
— Il te donne ça à une de ces vitesses !
— Tu sais jamais ce que t'as à faire.

• *Voici les lignes qu'une grammaire scolaire traditionnelle destinée au secondaire consacre aux « adverbes de lieu » ; après les avoir étudiées, et éventuellement critiquées, vous vous interrogerez sur le fonctionnement de ce type de grammaires.*

Les adverbes de lieu. Ils comprennent :

a) des *adverbes simples :* **alentour, dedans, en, là, près, y,** etc.
b) des *locutions adverbiales :* **çà et là, là-haut, par-derrière,** etc.
c) des *mots et locutions empruntés au latin :* **ibidem** *(là-même, dans le même ouvrage) ;* **intra muros** (à l'intérieur de la ville) ; **passim** (çà et là), etc.
1° **Çà** et **là -Çà,** adverbe (du latin *ecce hac),* employé seulement dans cette locution adverbiale qui signifie *de côté et d'autre,* ne doit pas être confondu avec *ça,* pronom démonstratif, abréviation familière de *cela.*

Ça, adverbe de lieu, se retrouve dans l'ancien adverbe **ceans,** encore usité dans l'expression *Le maître* **de céans** *(de la maison).* (ancien français : *çà* et *enz,* du latin **intus** = à l'intérieur) (...).
2° **Dedans, dessus, dessous.** Ces adverbes s'employaient autrefois aussi bien comme prépositions que comme adverbes : *Va* **dedans** *les enfers plaindre ton Curiace* (Corneille).
Aujourd'hui ils sont exclusivement adverbes (il serait donc incorrect de dire : *dedans* la maison, *dessus,* ou *dessous* la table).

(*Grammaire française,* MARTIN et LECOMTE, 1re éd., 1962, Masson.)

DEUXIÈME PARTIE
Les « temps » de l'indicatif

CHAPITRE 1 : L'INDICATIF

1. SPÉCIFICITÉ DE L'INDICATIF

— Les informations du verbe

Le tableau des « conjugaisons » des verbes constitue un système d'oppositions très fermé et particulièrement rigoureux : toute forme verbale, de par sa place dans ce tableau, se trouve porteuse d'un nombre bien défini d'informations grammaticales qu'elle partage dans des proportions variables avec chacune des autres auxquelles elle s'oppose. Soit, par exemple, la forme *je savais ;* elle entre à l'intérieur de l'indicatif dans divers jeux d'oppositions : elle s'oppose à *tu savais, il savait,* etc. par la **personne,** à *j'avais su,* forme composée correspondante, par l'**aspect** (cf. *infra* chap. 3), à *je saurai* et *je sais* par le **temps.** (Nous considérerons aux chapitres 2 et 3 les problèmes posés par les oppositions *je sus* vs *je savais*).

En conséquence, si on laisse de côté les marques de nombre, et éventuellement de genre, qui ne sont conférées que par l'accord avec le groupe nominal sujet, toute terminaison verbale peut être analysée du point de vue des informations qu'elle apporte sur la personne, l'aspect et le temps :

— La **personne** grammaticale : association avec *je, tu* ou une non-personne ;

— Le **temps** est une catégorie déictique qui permet de distribuer le présent, le passé et le futur ;

— L'**aspect** ne relève pas à proprement parler du temps, mais de la manière dont on envisage le déroulement du procès dans le temps ; on verra que cette catégorie est à la base non seulement de l'opposition entre formes simples et composées mais aussi de celle entre imparfait et passé simple, par exemple.

— Les modes

Pour le moment nous n'avons pas pris en compte une autre information, celle du **mode.** On sait en effet qu'on répartit les diverses « conjugaisons », c'est-à-dire les paradigmes d'affixes verbaux, en différents « modes » qui s'opposent globalement les uns aux autres, comme les conjugaisons s'opposent les unes aux autres à l'intérieur de chacun des modes. Les grammaires énumèrent ces modes : indicatif, subjonctif, conditionnel, impératif, participe, infinitif ; en fait les linguistes ont aujourd'hui tendance à intégrer le conditionnel dans l'indicatif (cf. *infra* chap. 7). On peut comparer ces divers modes entre eux du point de vue des informations qu'ils apportent, de manière à dégager par contraste la spécificité de l'indicatif.

• **L'indicatif :** on a vu que les formes relevant de ce mode fournissaient trois informations : personne, temps, aspect.

• **Le subjonctif :** en fonction de notre perspective purement synchronique, nous ne pouvons pas prendre en compte le subjonctif imparfait *(je prisse)* et le subjonctif plus-que-parfait *(j'eusse pris)* qui ne sont plus, sauf peut-être chez certaines personnes âgées et/ou cultivées ainsi que dans la langue littéraire, que des survivances. Les seuls paradigmes intégrés au français contemporain sont les subjonctifs présent *(je prenne)* et parfait *(j'aie pris),* c'est-à-dire le couple que forment le présent et la forme composée qui lui correspond. Le subjonctif apparaît aujourd'hui porteur d'une information de *personne* et d'*aspect;* en revanche, *il ne possède pas de valeur temporelle.* On le voit bien en considérant son comportement avec des temps différents de l'indicatif :

J'ai regretté
Je regrette ——— *que Paul* **soit** *là*
Je regretterai

Quelle que soit la valeur déictique temporelle du procès le subjonctif ne varie pas.

• **L'impératif :** il véhicule une information d'aspect en opposant forme simple et forme composée (*chantez* vs *ayez chanté*), mais ses relations avec le temps et la personne sont tout à fait particulières puisqu'il ne peut connaître par nature qu'un seul temps, le présent, et qu'une seule personne, le *tu* (une forme comme *partons !* contient nécessairement une 2ᵉ personne, qui seule rend possible l'impératif). Réservé à quelques valeurs illocutoires (cf. *supra* p. 10) comme l'ordre, le conseil, etc., l'impératif suppose la mise en présence directe de l'énonciateur et de l'allocutaire au travers d'un acte d'énonciation par lequel le premier cherche à agir immédiatement sur le second ; il n'y a pas place ici pour un découpage chronologique. L'impératif se situe manifestement sur une autre dimension que les autres modes : en français tout énoncé suppose le choix obligatoire d'un cadre énonciatif selon lequel la phrase sera de structure soit déclarative, soit impérative, soit interrogative.

• **L'infinitif** et **le participe :** ils ne connaissent que l'opposition d'aspect *(manger* vs *avoir mangé, mangeant* vs *ayant mangé) ;* ils empruntent les informations de personne et temps au contexte linguistique dans lequel ils se trouvent.

— L'actualisation

Ainsi seul l'indicatif peut situer l'énoncé par rapport au moment d'énonciation ; de ce point de vue il est le mode de l'**actualisation** maximale, si l'on entend par là la mise en relation de l'énoncé et de son énonciation (et non l'affirmation de l'existence, de la réalité d'un fait). Le subjonctif, qui connaît personne et aspect, s'avère plus actualisant que le participe et l'infinitif, qui ne véhiculent que l'aspect. D'ailleurs, dans nombre de ses emplois le subjonctif ne sert pas à autre chose qu'à conférer une personne à l'infinitif (cf. *je veux partir/que tu partes...).* Cette incapacité d'actualiser est à lier à l'absence d'autonomie syntaxique du subjonctif ; les formes de ce mode (sauf tours figés ou archaïsmes) ne suffisent pas à asserter un énoncé, elles sont sous la dépendance de formes de l'indicatif, que ces dernières soient explicites ou non. C'est ainsi que l'indicatif est explicité dans *Je regrette qu'il parte ;* dans *Qu'il parte ! (*comme dans *Fermer la porte, S.V.P.)* on a affaire à un ordre, et non à une assertion (susceptible d'être vraie ou fausse) : pour retrouver une assertion il faudrait rétablir une forme à l'indicatif telle *J'ordonne...*, comme y invite d'ailleurs la présence du *que,* trace d'un acte d'assertion de l'énonciateur.

Au-delà des informations de temps, personne et aspect qu'il véhicule, le verbe, en français, est l'élément qui marque l'**assertion** de l'énoncé par le locuteur. Cette assertion ne peut être supportée que par les formes de l'indicatif, seules susceptibles d'un emploi indépendant, fondé sur un repérage direct par rapport à la situation d'énonciation. A des degrés différents, le subjonctif et le participe ou l'infinitif ne s'articulent sur cette situation d'énonciation que grâce aux verbes à l'indicatif qui les accompagnent.

2. TEMPS DE L'INDICATIF ET GRAMMAIRE

La conception que l'on a spontanément des « temps de l'indicatif » repose en général sur quelques fausses évidences, que la grammaire traditionnelle a souvent contribué à maintenir. Nous allons en évoquer quelques-unes ici.

— Temps et temporalité linguistique

Les locuteurs ont facilement l'illusion que les divers « temps » linguistiques sont un décalque exact d'un temps réel extralinguistique. Cette confusion est d'autant plus aisée en français que le mot *temps,* précisément, renvoie à la fois au temps extralinguistique, au temps linguistique et à l'ensemble des paradigmes flexionnels étiquetés par les grammairiens (« présent », « passé composé », etc.). Pour échapper à ces équivoques nous mettrons entre guillemets le mot *temps* (« temps ») quand nous voudrons référer aux paradigmes flexionnels.

En réalité, le temps linguistique est différent du temps extralinguistique en ce sens qu'il s'ordonne uniquement par rapport à l'activité d'énonciation. C'est ainsi que le **présent** linguistique ne se définit pas autrement que comme **le moment où le locuteur parle :** de cette façon tout énoncé au présent renvoie nécessairement à son instance d'énonciation. On peut donc dire sans paradoxe que chaque énoncé réinvente son présent, dès qu'un locuteur prend la parole : le présent glisse ainsi indéfiniment le long du fil du discours.

Ce présent constitue la base du système temporel linguistique, et les deux autres dimensions déictiques (passé et futur) ne peuvent être repérées que par rapport à lui. Le passé est seulement l'antériorité au moment d'énonciation et le futur la postériorité à ce moment. Ce présent apparaît comme la catégorie **non-marquée** de ce système : il constitue à la fois le non-passé et le non-futur ; la morphologie, d'ailleurs, traduit bien ce statut de forme non-marquée puisque dans les conjugaisons les « temps » du passé et du futur se laissent le plus souvent analyser comme la combinaison de la forme du présent et d'un affixe spécifique. Ainsi à la non-personne :

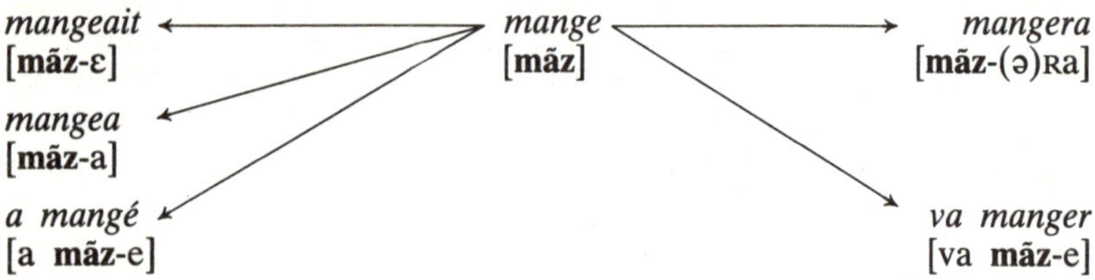

On peut également envisager ce statut de forme non-marquée sous un angle statistique. D'après le *Frequency dictionary of french words* d'A. Juilland *et al.* 56 % des formes verbales non-composées que l'on rencontre sont des présents. Dans la mesure où ce dictionnaire opère sur un corpus ancien de langue écrite cette proportion est encore plus importante dans la langue parlée. Le présent est donc à la fois la forme la plus économique morphologiquement et la plus fréquente, ce qui est prévisible.

— Une dissymétrie

Le présent ne constitue pas pour autant une sorte d'« axe de symétrie » temporel, comme si le passé était au présent ce que le futur est à ce même présent. Il serait faux de penser que la seule différence entre passé linguistique et futur linguistique est que le premier suppose un regard rétrospectif et le second un regard tourné vers l'avenir, en admettant implicitement que l'énonciateur a la même attitude à l'égard du passé et du futur et que son activité se borne à « situer » des énoncés dans le temps. La linguistique générale enseigne un fait révélateur à ce sujet : si, en règle générale, les différentes langues possèdent un ensemble de « temps » spécifiques pour l'expression des événements du passé, il est en revanche très fréquent que le futur soit marqué par des combinaisons du type (Présent + adverbe de temps) ou (*vouloir, devoir...* + verbe à l'infinitif) et non par des « temps » spécifiques. Cette dissymétrie est significative : les faits révolus ne sauraient posséder le même statut pour un énonciateur que ceux à venir, lesquels n'existent en fait que comme le terme d'une tension de l'énonciateur à partir de son présent. Si le passé est par définition coupé du présent de l'énonciateur, le futur n'est supporté que par lui. Pour les événements passés, l'important c'est de déterminer *comment ils ont eu lieu* (problème d'aspect (cf. *infra* chap. 3), alors que pour les faits futurs l'essentiel est de savoir *s'ils auront lieu ou non, de quelle manière l'énonciateur les pose* (problème de modalité).

— « Temps » et système

La linguistique structurale a mis au premier plan de sa conception du langage le concept saussurien de *valeur* et son corrélat, celui de *système d'oppositions*. Dans cette perspective une approche atomiste des « temps » de l'indicatif s'avère impossible : une telle approche consisterait à considérer chaque « temps » isolément, à lui affecter une signification intrinsèque, à énumérer une liste empirique plus ou moins exhaustive de ses divers emplois. En réalité, chaque « temps » ne doit être étudié que dans le cadre de ses oppositions à ceux qui appartiennent aux mêmes micro-systèmes que lui, qu'il s'agisse de l'ensemble du système de l'indicatif ou seulement de celui que forment par exemple les « temps » du passé...

— « Temps » et type d'énonciation

Les « temps » ne s'opposent pas entre eux indépendamment des types d'énonciation auxquels ils correspondent. On peut très bien être conscient que la temporalité linguistique ne reflète pas un découpage extralinguistique, penser que les « temps » entrent dans des réseaux d'oppositions dont ils tirent leur valeur et néanmoins laisser de côté cette dimension essentielle, au profit d'une étude « à plat » qui ne prend pas en compte les conditions d'emploi de ces formes. En effet, l'usage de tel « temps » implique un certain rapport de l'énonciateur à son énoncé et au monde, et l'on ne peut faire abstraction du fait que ce « temps » puisse se combiner avec telle ou telle personne, avec tels adverbes, entrer dans tel type de discours, etc. On verra en particulier comment cette perspective va nous amener à opérer des lignes de partage fondamentales dans le système illusoirement homogène de l'indicatif.

— « Temps » et temporalité

Il faut même aller plus loin et renoncer à poser une équivalence entre emploi des « temps » et expression de la temporalité linguistique, cette dernière fût-elle modulée par des conditions d'énonciation très générales. Il faut en effet bien voir que dans un énoncé tous les éléments sont en étroite interaction, liés par des opérations souvent subtiles, et que les marques de « temps » ne sont qu'un de ces éléments. La justification de la présence de tel ou tel « temps » peut donc faire intervenir des facteurs très différents parmi lesquels la valeur temporelle ne joue pas nécessairement un rôle de premier plan, loin s'en faut. C'est dire que dans bien des cas il faut tenir compte d'une intrication d'éléments qui interdit toute analyse immédiate de la fonction des marques de « temps ». Soit que celles-ci aient une valeur modale ; soit qu'elles entrent dans un jeu de corrélations formelles (par exemple les affixes *-ait* dans *S'il savait, il viendrait* ou *Il a dit qu'il était content* n'ont pas de valeur référentielle isolée mais sont partie prenante de systèmes locaux), etc. Parmi les facteurs à prendre en compte signalons la dimension *dialogique* du discours, non seulement parce que les énoncés s'adressent à des interlocuteurs, mais parce qu'ils occupent des places déterminées dans le tissu du dialogue et que cela laisse des traces dans leur structure, et en particulier sur les marques de « temps » (cf. III, 3).

— « Temps » et textualité

On peut admettre une relative dissociation entre « temps » et temporalité linguistique et s'en tenir aux seules limites de la phrase ; en fait, les « temps » sont souvent à même de jouer un rôle déterminant dans l'organisation textuelle, qu'ils informent dans le détail. C'est là un procédé aussi efficace que subtil : comme presque toutes les phrases possèdent au moins un verbe à l'indicatif, la marque de « temps » constitue une unité très bien répartie sur l'ensemble du texte et particulièrement discrète, puisque l'emploi de ces temps semble n'obéir qu'à une nécessité purement linguistique. Dans ce cas, les oppositions entre « temps » ne jouent pas seulement au niveau du système de la langue mais aussi à l'intérieur des réseaux originaux que tisse le texte entre ses divers types de constituants.

Ainsi l'approche purement morphologique et temporelle (les « temps » représentant le temps) s'avère non seulement insuffisante (elle ne rend pas compte d'un grand nombre de phénomènes), mais encore repose sur une vision réductrice de l'activité langagière. Les désinences de « temps » apparaissent comme un point de cristallisation privilégié des traces d'énonciation, saisies dans la multiplicité de leurs dimensions.

CHAPITRE 2 : L'ASPECT

Les « temps » par leurs marques spécifiques ne véhiculent pas seulement des informations d'ordre temporel et modal ; ils expriment aussi **de quelle manière on envisage le déroulement du procès,** son mode de manifestation dans le temps. Une telle information se nomme l'**aspect.** *A priori* l'aspect peut concerner d'autres catégories que le verbe, le nom et l'adjectif en particulier : on oppose par exemple l'**énoncé** comme résultat d'un acte à l'**énonciation,** qui exprime cet acte ; mais ce sont là des phénomènes irréguliers, très instables, et dans notre langue seul le verbe fait jouer dans toutes ses dimensions la catégorie de l'aspect.

Dans la littérature linguistique on perçoit une hésitation dans la manière dont on définit l'aspect ; pour les uns, il faut s'en tenir à une définition restrictive, pour d'autres il faut ouvrir largement le domaine de l'aspect. Les premiers limitent la catégorie de l'aspect au système d'oppositions rigoureuses qu'institue la morphologie verbale (opposition de désinences, en particulier). Les seconds considèrent que relève de l'aspect tout ce qui dans un énoncé spécifie le déroulement d'un procès ; il y a donc là des choses très diverses : on peut en effet considérer un procès du point de vue de sa durée, de ses bornes initiale et finale, de sa répétition, de ses différentes phases, de son orientation vers un terme, etc. ; en outre, d'autres catégories que le verbe sont impliquées dans une telle perspective. Pour la clarté du propos on distinguera ici l'*aspect* au sens strict, qui renvoie à un système très fermé de marques intégrées à la conjugaison du verbe, et les *phénomènes aspectuels,* qui recouvrent les autres marqueurs linguistiques associés à la détermination du mode de déroulement du procès.

Dans la grammaire française, l'aspect est souvent négligé au profit de l'information temporelle. Cela tient en particulier à la morphologie verbale : s'il existe des langues (les langues slaves entre autres) où les marques d'aspect sont nettement distinctes des marques proprement temporelles, ce n'est pas le cas en français le plus souvent : ainsi les affixes de l'imparfait possèdent à la fois le statut d'une marque de temps et d'une marque d'aspect (l'aspect « imperfectif » en l'occurrence).

1. MODE DE PROCÈS ET ASPECT

On peut s'étonner qu'il existe une catégorie grammaticale comme l'aspect : après tout, dira-t-on, chaque verbe, de par sa signification, indique de quelle façon se déroule le procès qu'il exprime ; ainsi *éclater* suppose un procès instantané et *dormir* un procès qui dure. Ces traits sémantiques constituent ce que les grammaires appellent **mode de procès** (ou **mode d'action**) et ne doivent pas être confondus avec l'aspect qui, lui, n'est pas une catégorie lexicale mais *grammaticale*. De fait, les modes de procès ont bien une dimension aspectuelle, en ce qu'ils indiquent comment se manifeste le déroulement du procès, mais ils sont rattachés au *signifié* de chaque acception du verbe (comparer par exemple *prendre un livre* et *prendre le frais*). Si le mode de procès est imposé par le sens du verbe, le choix de l'aspect dépend en principe du locuteur : au passé, par exemple, choisira-t-il *marchait* (aspect imperfectif) ou *marcha* (aspect « perfectif ») ? Cependant, si l'on a tort de confondre aspect et mode de procès il faut bien voir aussi que ces deux catégories sont étroitement liées.

— Le mode de procès

La catégorie de l'aspect se présente comme un système très fermé d'éléments opposés, caractérisés par un signifiant nettement perceptible ; les modes de procès, en revanche, constituent un ensemble relativement ouvert, en prise sur les multiples nuances de la structuration du lexique : à côté de modes de procès communs à de vastes ensembles de verbes, il en est qui ne valent que pour des groupes réduits. En outre, le mode de procès d'un verbe est souvent un trait instable s'il est considéré hors contexte : c'est plutôt un mode de procès attaché à l'ensemble du syntagme verbal, si bien que dans un contexte déterminé un verbe est susceptible de se voir associer un mode de procès avec lequel on le jugerait *a priori* incompatible.

Parmi les modes de procès les plus fréquemment rencontrés dans la littérature grammaticale on citera les suivants :

— **Itératif/unique :** dans le cas d'une itération le procès est répété ; ainsi *sautiller* (itératif) s'oppose à *sauter* (unique). Il peut y avoir deux types d'itération : celle où la même action est répétée *(ressauter)* et celle où il s'agit d'une seule action saisie globalement *(sautiller)*.

— **Inchoatif/non inchoatif :** ce mode de procès concerne un ensemble relativement limité de verbes ; l'inchoativité marque l'entrée graduelle dans un état (cf. *jaunir*). Ces verbes peuvent en général être paraphrasés soit par *devenir* + adjectif *(s'affaiblir → devenir faible)*, soit par *rendre* + adjectif *(assouplir → rendre souple)*.

— **Ponctuel/duratif :** on ne peut pas dire **Il pleut en un instant* ni **Il ferme longtemps la porte ;* si ce dernier verbe est « ponctuel » (ou « momentané »), l'autre est dit « duratif ».

— **Conclusif/non-conclusif :** ce mode de procès est d'une grande importance du fait de sa généralité et des affinités qu'il a avec les aspects « perfectif » et « imperfectif ». Les verbes conclusifs sont des verbes dont le procès tend vers son achèvement *(acheter, mourir)* tandis que les verbes non-conclusifs ne tendent pas vers un terme *(détenir, habiter)*. En règle générale, les verbes conclusifs mis au passé composé sont compatibles avec *maintenant, en ce moment,* ce qui n'est pas le cas des verbes non conclusifs : *Il a maintenant atteint le rivage/*Il a maintenant habité ici.*

On peut affiner ces deux dernières catégories à l'aide de la grille que propose Z. Vendler (*Linguistics and philosophy,* 1967, chap. 4, Cornell University Press) ; au lieu de procéder par traits, ce dernier range directement les procès de verbes en quatre types : **accomplissements, activités, achèvements, états.**

— Les **accomplissements** sont des procès qui ont une durée, une fin déterminées ; ils ne sont vrais que lorsque le procès est arrivé à son terme. Par exemple, *écrire une page par heure* présuppose que la page est effectivement achevée (on n'a pas *écrit une page* si on n'en a rempli que les 2/3). Les accomplissements sont difficilement compatibles avec des indications temporelles ponctuelles *(*Il écrit une page à 8 h),* mais s'associent bien avec *en un + Nom temporel (Il écrit une page en un mois)*.

— Les **activités,** en revanche, sont des procès sans clôture temporelle et dont le déroulement est « homogène », sans interruption : à quelque moment que le procès s'arrête il est vrai qu'il a eu lieu (ex. *nager*). Les activités ne se combinent pas avec *en un + Nom temporel* mais avec les indications ponctuelles *(*Il a nagé en une heure/Il a nagé à midi)*.

— Les **achèvements,** par opposition aux accomplissements et aux activités, ne sont pas segmentables, n'ont pas de durée (ex. *apercevoir*). Ils se combinent avec des indications ponctuelles, et peu avec *pendant + SN (Il a aperçu Jean à 8 h/*Il a aperçu Jean pendant une minute)*.

— Les **états** n'ont ni début, ni fin, ni milieu, ils ne supposent ni agent ni changement (ex. *Luc est paresseux*). Ils ne sont compatibles ni avec des indications ponctuelles ni avec *en un + Nom temporel (*Lea est belle à midi/*en une heure).* Vendler range les habitudes parmi les états.

Comme on a pu s'en apercevoir, le plus souvent l'identification du mode de procès suppose bien la prise en compte, au-delà du verbe, de l'ensemble du syntagme verbal : *ramasser un champignon* et *ramasser des champignons* sont des procès très différents.

— Aspect perfectif/imperfectif, mode de procès et « temps »

En français la catégorie de l'aspect permet d'opposer d'une part la **perfectivité** à l'**imperfectivité,** d'autre part l'**accompli** à l'**inaccompli.**

L'aspect *perfectif* présente le procès comme un tout indivisible, saisi « du dehors » dans toutes les phases de son déroulement, comme une sorte de « point » apparu à un moment déterminé *(il écrivit).* L'aspect *imperfectif* saisit le procès « de l'intérieur » dans son déroulement, sans prendre en compte son début et sa fin *(il écrivait).* Comme on l'a déjà dit, il est inévitable qu'il existe une affinité entre aspect et mode de procès, mais ce n'est pourtant pas une raison suffisante pour identifier par exemple perfectif et ponctuel ou non-conclusif et imperfectif. L'aspect repose sur une différence de point de vue sur le procès, il résulte de valeurs découlant du système de la langue indépendantes du mode de procès, même s'il contribue à renforcer ce dernier ; c'est ainsi qu'un verbe conclusif ne pourra être que conclusif s'il est associé à un aspect perfectif *(Paul mourut du choléra).*

Les divers « temps » sont affectés d'un aspect spécifique : au passé, le passé simple et le passé composé s'opposent en tant que formes perfectives à l'imperfectivité de l'imparfait (cf. *infra* chap. 5) ; le passé composé constitue le passé perfectif du *discours* et le passé simple celui du *récit* (cf. *infra* chap. 3). En ce qui concerne le présent et le futur (simple ou périphrastique) il n'est pas si aisé de les ranger univoquement du côté du perfectif ou de l'imperfectif puisqu'il n'existe pas pour ces formes de système d'oppositions entre « temps » comparable à celui que définissent PS-PC et Imp.

Beaucoup de grammairiens affirment que le présent ne peut être qu'imperfectif ; c'est vrai en règle générale, mais cela dépend aussi du mode de procès du verbe et du contexte : *Je le prédis* n'est pas imperfectif, tandis qu'en raison de son mode de procès ponctuel, *Je trouve quelque chose* est difficilement acceptable s'il ne s'agit pas d'un présent historique (cf. *infra* p. 63) ou d'une habitude. Le cas de *Je le prédis* est à rattacher au cas plus général de l'usage performatif des verbes (cf. *supra* p. 10) qui suppose l'emploi exclusif du présent de l'indicatif et la perfectivité.

A la différence de ce qui se passe pour le passé et le présent, tous les verbes, quels que soient leurs modes de procès, sont immédiatement compatibles avec le futur : *Il sortira, Il restera...* En principe, selon le mode de procès et le contexte un verbe au futur aura une valeur perfective *(Demain tu dormiras)* ou imperfective *(Pendant qu'ils dormiront tu feras une promenade),* mais il ne s'agit pourtant pas d'un « temps » neutre du point de vue de la perfectivité : en dehors de contextes particuliers (comme dans l'exemple ci-dessus, une subordonnée temporelle avec *pendant que*) le futur est naturellement perfectif. Comme le PS ou le PC il peut figurer dans des énoncés à valeur « gnomique » : *L'homme aima/a aimé/aimera* (mais **aimait*) *toujours son semblable.*

— Les périphrases verbales

Jusqu'ici nous avons considéré deux catégories servant à exprimer de quelle manière se déroule le procès : l'aspect (grammatical) et le mode de procès (lexical) ; ce ne sont pas là les seules ressources dont dispose la langue à cet effet, puisque l'énonciateur peut opérer un nombre infini de combinaisons de morphèmes dont la signification indique le mode de déroulement du procès. Sur ce point certaines **périphrases verbales** (PV) jouent un rôle important ; tout verbe peut se voir adjoindre de telles PV (*aller, commencer à, ne pas cesser de, finir de, continuer à,* etc.). Elles ont toutes la même structure : [Verbe de la PV conjugué + (Préposition) + Verbe principal à l'infinitif] mais leur liste varie considérablement d'une grammaire à l'autre et il est fort difficile d'en arrêter le nombre. Une telle difficulté ne doit pas surprendre puisqu'il s'agit, selon les PV concernées, tantôt de procédés purement lexicaux, tantôt de procédés en voie de grammaticalisation (qui, en particulier, ne s'emploient pas à tous les « temps ») ; ainsi, sauf pour ces derniers, les PV sont souvent un système de suppléance occasionnel assez lâche. Le rôle de ces PV est essentiellement de caractériser les différentes *phases* du déroulement d'un procès (antériorité, début, accomplissement, fin, postériorité).

Si, du point de vue du sens, ces PV ont des fonctions très voisines, on est quand même en droit de distinguer deux groupes : d'une part les périphrases **aspectuelles** au sens strict, d'autre part *aller, être en train de, venir de.* Les premières servent à spécifier un changement dans le déroulement du procès (*commencer à, se mettre à, continuer à,* etc.), tandis que les autres ont un lien étroit avec la situation d'énonciation, dans la mesure où elles ne concernent pas tant le procès considéré comme ayant un début et une fin que la position de ce procès par rapport au moment d'énonciation ou un autre repère. Ces dernières seules peuvent se combiner aux PV aspectuelles : *Paul va finir de...* ne fait pas problème mais **Paul cesse de continuer* ou **Paul commence à être en train de...* ne sont pas recevables ; en outre, elles connaissent diverses restrictions étrangères aux PV aspectuelles : elles ne s'emploient pas aux passé simple et passé composé.

2. FORMES SIMPLES ET FORMES COMPOSÉES

Un tableau des conjugaisons des verbes révèle au premier coup d'œil que ses formes se disposent symétriquement en formes **simples** constituées d'un radical verbal et d'un affixe de conjugaison et en formes **composées** constituées d'un verbe auxiliaire *(avoir, être)* conjugué suivi du verbe au participe passé :

Présent : *Il sait/Il a su*	Passé simple : *Il sut/Il eut su*
Futur : *Il saura/Il aura su*	Imparfait : *Il savait/Il avait su*

On verra qu'à cette parfaite symétrie morphologique ne correspond pas nécessairement une symétrie comparable au niveau des emplois, même s'il existe indéniablement des valeurs communes aux formes des deux groupes, simples et composées.

— Valeurs fondamentales de l'opposition

L'opposition entre forme simple et forme composée correspond avant toute chose à une opposition aspectuelle entre l'**inaccompli** (forme simple) et l'**accompli** (forme composée). A la différence de l'aspect perfectif, cet aspect est clairement marqué par la morphologie verbale. On parle d'aspect *inaccompli* quand le procès se réalise au moment indiqué par l'énonciation : dans *Pierre dormira demain,* le sommeil a pris place dans la période circonscrite par *demain.* L'aspect *accompli,* en revanche, est utilisé lorsque le procès est antérieur au moment indiqué par l'énonciation et qu'on considère le résultat de ce procès à ce moment-là : si l'on dit *A midi Pierre aura dormi et il sera en forme,* on pose Pierre dans l'état de quelqu'un qui « à midi » a fini de dormir. La forme d'accompli se situe donc dans la même tranche temporelle que la forme simple : l'accompli du présent, par exemple, constitue un présent indiquant le résultat présent d'un procès accompli antérieurement *(J'ai dormi, je me sens mieux).* Il faut cependant préciser qu'il existe ici une interaction entre le mode de procès et l'aspect accompli. Avec des verbes d'*activité* (au sens de Vendler) l'emploi de l'accompli n'implique pas nécessairement que le procès est achevé : si dans *Voilà, il a écrit sa page* (accomplissement) le procès est terminé, dans *Il a pleuré des heures, et il continue* (activité), ce n'est plus le cas ; ici, c'est seulement le résultat présent qui est envisagé, non le terme.

Ces formes composées s'emploient de manière privilégiée dans les subordonnées temporelles pour marquer une antériorité par rapport au procès exprimé par le verbe de la principale, lequel se trouve à la forme simple correspondante :

Quand (dès que...) Paul **a bu/avait bu/eut bu/aura bu,**
il **sort/sortait/sortit/sortira** *dehors.*

Ces formes ont donc un double statut, selon qu'elles sont employées dans de telles subordonnées ou non. En tant que formes « libres » (= qui ne dépendent pas d'un verbe à la forme simple) elles s'opposent entre elles : dans *À six heures il aura mangé* la forme *aura mangé* s'oppose à *avait mangé* comme *mangera* s'oppose à *mangeait.* En tant que formes d'antérieur figurant dans une subordonnée temporelle elles n'entretiennent pas de relations entre elles et sont liées syntagmatiquement aux formes simples correspondantes : on ne peut avoir par exemple **Quand il avait bu il sort;* dans ce cas *avait bu* n'est en relation qu'avec *sortait,* et non avec *sortira* ou *est sorti.*

— Passé composé, plus-que-parfait

Le rôle du passé composé ne se limite pas à marquer l'accompli du présent ; on a vu qu'il jouait aussi le rôle de « temps » perfectif du passé du *discours* (cf. chap. 3), et c'est là son emploi de loin le plus fréquent. De ce fait, le passé composé, hors contexte, est une forme ambiguë, étant à la fois un accompli du présent et un « temps » inaccompli du passé : *Il a pris du café* sera un passé inaccompli dans *Il a pris du café au repas et n'a pu dormir* et un accompli du présent dans *Ne lui en donnez plus, il a déjà pris son café.*

Le plus-que-parfait, au-delà de son opposition à la forme simple qu'est l'imparfait sert très souvent à marquer qu'un procès est *antérieur* à un autre exprimé à un « temps » du passé :

Le matin il avait nagé *et après le déjeuner a fait/fit une promenade.*

Ici le procès au plus-que-parfait est antérieur à la promenade.

— Les formes surcomposées

Comme le passé composé, lorsqu'il joue le rôle d'un passé perfectif, se trouve finalement avoir le statut d'un inaccompli, c'est-à-dire d'une forme simple, on doit recourir à une forme **surcomposée** quand on veut exprimer dans une subordonnée l'antériorité à cette forme inaccomplie qui présente la particularité morphologique d'être composée :

Quand **j'ai dansé** *je me* **désaltère** (Antérieur du présent)
*Quand j'***ai eu dansé** *je me* **suis désaltéré** (Antérieur du passé composé).

On rencontre aussi, mais beaucoup plus rarement, des formes surcomposées du futur simple et de l'imparfait ; soit en subordonnée pour exprimer l'antérieur d'une forme composée :

Quand il **avait eu repris** *haleine il* **avait parlé**
Quand il **aura eu compris** *la situation il* **sera sorti,**

soit en indépendante associée à des adverbes tels *vite, enfin...* pour marquer l'achèvement d'un procès plutôt que son déroulement (*Il* **avait eu** *vite* **compris** *et s'était résigné/Il* **aura eu** *vite* **compris** *et se sera résigné*).

— L'accompli des passés perfectifs

Utilisé comme forme d'accompli du passé simple, le « passé antérieur » lui aussi ne se rencontre guère qu'avec des éléments adverbiaux comme *vite, enfin...,* voire des datations très précises *(à six heures...)*. Il en va de même pour le passé composé quand ce dernier est un passé perfectif :

Il a eu/eut mangé en un instant/à dix heures
Enfin il a eu/eut mangé.

La suppression des éléments adverbiaux rendrait ces phrases très peu naturelles. De fait, comme il s'agit de passés *perfectifs* la notion d' « accompli », de résultat d'une action achevée, possède *a priori* moins de pertinence que pour les autres « temps ». En utilisant de telles formes l'énonciateur entend focaliser l'attention sur la rapidité ou la lenteur d'un achèvement plutôt que sur l'achèvement lui-même. Dans la mesure où ces « temps » ne laissent pas d'intervalle entre début et fin du procès on peut considérer qu'ici la forme d'accompli ne s' « oppose » pas réellement à un inaccompli.

— Remarque

Jusqu'à présent nous avons implicitement fait comme si nous avions toujours affaire à des procès uniques comportant un début et une fin, remplissant un certain intervalle de temps de manière continue. En fait, c'est là une simplification évidente. Nous savons tous que les énoncés, bien souvent, ne présentent pas des procès de ce type ; considérons ainsi les exemples qui suivent :

(1) *Élise achète* (= est en train d'acheter) *son pain.*
(2) *Tous les jours il part à 8 h.*
(3) *Jules chasse le sanglier* (= est un chasseur de sangliers).
(4) *Pierre est gentil.*
(5) *Ce livre comprend trois parties.*
(6) *L'eau bout à 100°.*

On se rend vite compte que (1) se distingue des autres phrases de diverses manières ; (2) marque un procès **habituel,** c'est-à-dire une réitération de procès identiques pendant une période déterminée ; les circonstants temporels servent de repères : dès qu'il y a un « jour » tel procès a lieu. Avec (3) il s'agit d'une **propriété** stable, indépendante de tout déroulement dans le temps ; cette propriété peut cependant n'être valide que pour une période bien définie (cf. *Quand j'étais jeune je chassais le sanglier).* En (4) comme en (5) les procès ne supposent aucune activité du sujet, aucune finalité, aucune progression temporelle ; ces procès **statifs** s'opposent par exemple à ceux de (2) ou (3). Quant à (6), il définit un fait totalement indépendant de toute insertion temporelle, un procès **générique** valable en toutes circonstances pour n'importe quel sujet qui soit de l'eau.

Ce sont là des problèmes très complexes et instables, entre lesquels il n'existe pas de frontière nette et qui relèvent de dimensions différentes. L'aspect est certainement l'un des domaines les plus embrouillés de la linguistique ; cela se traduit par une inflation terminologique et un désaccord généralisé sur le sens des termes apparemment identiques d'un auteur à l'autre. On ne peut même pas dire que le champ de l'aspect se limite au syntagme verbal. Il est en étroite relation avec la structure syntaxique des énoncés ; c'est ainsi que la construction moyenne (cf. *Le verre se casse, Un enfant s'élève à la dure...*) entretient des liens privilégiés avec les procès génériques ; de même, comment peut-on dissocier l'étude des procès statifs de celle des constructions attributives ou ignorer l'incidence aspectuelle de la passivation sur le verbe (comparer *Le chat mange la souris* et *La souris a été mangée par le chat*) ?

Indépendamment de ces constructions caractéristiques, l'étude des phénomènes aspectuels oblige souvent à prendre en compte l'ensemble de l'énoncé : ce ne sont pas seulement les « temps », les modes de procès, les périphrases verbales qui agissent sur la valeur aspectuelle, mais aussi les circonstants temporels, la nature du sujet, celle du déterminant du SN objet... Si l'on compare ces deux énoncés

(1) *Paul a lu un livre hier*
(2) *Paul a lu toute la journée*

on s'aperçoit que les procès qu'ils dénotent sont très différents, en dépit de leur similarité apparente. (1) donne à penser que le livre a été achevé ; si l'on remplace *hier* par *toute la journée,* rien ne permet plus d'affirmer que ce livre ait été achevé. En (2) il peut s'agir aussi bien d'un seul ouvrage que de plusieurs, de lectures achevées ou non. Comparons également *Luc a franchi le pont toute la matinée* et *La foule a franchi le pont toute la matinée :* d'un côté la répétition du même mouvement par le même sujet, d'un autre un tout autre type de répétition.

On n'insistera pas plus longtemps sur ce point. Ce chapitre 2 sur l'aspect ne peut être qu'un éclaircissement minimal sur des questions particulièrement complexes ; nous n'avons voulu que préciser les notions nécessaires à la bonne compréhension de notre exposé sur les « temps » de l'indicatif.

CHAPITRE 3 : DISCOURS ET RÉCIT

Dans les grammaires traditionnelles les « temps » de l'indicatif alignent dans un unique tableau la liste de leurs conjugaisons, sans la moindre solution de continuité. Une telle présentation donne l'impression que ces « temps » constituent un système homogène, comme si pour produire un énoncé le locuteur se contentait de choisir parmi les formes celle qui possède les valeurs temporelles et aspectuelles qu'il entend exprimer. Or, les travaux d'E. Benveniste ont montré que l'indicatif s'analyse en réalité en deux systèmes distincts de « temps » correspondant à deux types d'énonciation complémentaires, l'un appelé **discours,** l'autre **récit** (ou **histoire**). En d'autres termes, les « temps » de l'indicatif ne sont pas employés seulement parce qu'ils ont telles valeurs aspectuelles et temporelles : ce qui distingue le **discours** du **récit** c'est que le premier est rapporté à l'instance d'énonciation alors que le second en est totalement coupé.

1. DEUX TYPES D'ÉNONCIATION

— Passé composé/passé simple

On considère habituellement que le passé composé (PC) et le passé simple (PS) après avoir eu des fonctions distinctes sont progressivement devenus des « temps » synonymes et concurrents (exprimant tous deux le passé et un aspect perfectif) et que pour diverses raisons, d'ordre morphologique en particulier, le PC se trouve depuis quelques siècles supplanter peu à peu le PS ; après avoir presque éliminé ce dernier de la langue parlée, il le chasserait maintenant de la langue écrite. De là les regrets des puristes, qui ne se résignent pas à voir le PS réduit à un rôle de doublet archaïsant du PC. C'est contre cette théorie répandue que s'élève Benveniste : il refuse l'idée d'une *concurrence* entre ces deux « temps » et lui substitue celle d'une *complémentarité* de leurs emplois ; pour lui le PS et le PC, en français contemporain, relèvent des deux plans d'énonciation distincts que sont le *récit* et le *discours :* le PS est le « temps » de base du *récit* et le PC un « temps » du *discours.*

— Discours et récit

Appartiennent au *discours* les énoncés oraux ou écrits référés à l'instance d'énonciation, c'est-à-dire comportant des embrayeurs. Appartiennent en revanche au *récit* les énoncés, presque toujours écrits, qui ne contiennent aucune référence à l'instance d'énonciation, sont dépourvus d'embrayeurs (*je, tu,* le présent, etc.) : ils ne sont donc compatibles qu'avec la non-personne. À chacun de ces deux plans d'énonciation correspond une perspective différente sur l'énoncé : un énoncé utilisant les « temps » du *discours* est posé comme lié à l'actualité de son énonciateur, entretenant avec son présent un lien « vivant », tandis qu'un énoncé employant les « temps » du *récit* pose une série d'événements dissociés de leur énonciateur, qui n'y laisse aucune trace.

Dans le *récit* tout se passe donc comme si personne ne produisait l'énoncé, comme si les événements se racontaient tout seuls. C'est dire que le *discours* et le *récit* ne s'opposent pas seulement par la présence et l'absence d'embrayeurs mais aussi par la modalisation, la manière dont le sujet prend en charge son énoncé : le *je* présent dans le *discours* c'est le *je* qui prend en charge l'énoncé ; ce type d'énonciation se caractéri sera donc par l'abondance des traces de cette prise en charge (modalités affectives, exclamations, etc.). Le *récit,* en revanche, fait l'objet d'une assertion avec une modalisation « zéro » puisque son énonciateur s'efface, ne laisse pas de trace dans son énoncé. Alors que dans le *discours* le sujet parlant en même temps qu'il se définit comme *Je* assume ses propos, dans le *récit* l'énonciateur se pose comme indéterminé, sujet quelconque qui se contente de constater au lieu d'asserter réellement.

— Des exemples

Considérons ces deux fragments de G. de Maupassant :

> — T1 : « 8 mai. Quelle journée admirable ! j'ai passé toute la matinée étendu sur l'herbe, devant ma maison, sous l'énorme platane qui la couvre et l'ombrage toute entière.
>
> J'aime ce pays, et j'aime y vivre parce que j'y ai mes racines (...) J'aime ma maison où j'ai grandi. »
>
> (Début du *Horla,* Livre de Poche, p. 7.)

— T2 : « C'était le jour où la famille Hauser allait retourner à Loëche, l'hiver approchant et la descente devenant périlleuse.

Trois mulets partirent en avant, chargés de hardes et de bagages et conduits par les trois fils. Puis la mère, Jeanne Hauser, et sa fille Louise montèrent sur un quatrième mulet, et se mirent en route à leur tour. »

(*Le Horla,* Livre de Poche, p. 198.)

Le premier, T1, extrait d'un journal intime, relève manifestement du *discours :* on y trouve le *je* de l'énonciateur (et *ma*), le déictique *ce,* des présents marquant le moment de l'énonciation ; l'énoncé exclamatif qui ouvre le texte constitue une trace d'une émotion immédiate de l'énonciateur. Les PC que contient T1 *(j'ai passé, j'ai grandi)* n'effacent pas la présence de cet énonciateur mais expriment simplement des procès antérieurs à son énonciation, procès qui restent liés à son actualité. En revanche, si T1 a pour « temps » de base le présent, T2 est fondé sur le PS, ne comporte pas de référence à l'instance d'énonciation et, en particulier, pas d'embrayeurs.

D'après cette première caractérisation on comprendra aisément qu'il existe un déséquilibre quantitatif évident entre *discours* et *récit :* l'immense majorité des énoncés oraux et écrits relèvent du *discours,* tandis que le *récit* ne couvre qu'une part des textes narratifs écrits. Il est, en outre, évident que l'effacement de toute trace d'énonciation suppose un contrôle plus grand de la part de l'énonciateur.

— Les « temps » du discours et du récit

Nous pouvons maintenant considérer quels « temps » appartiennent au *discours* et au *récit,* en nous limitant aux formes simples :

• Pour le *discours* le « temps » de base est le **présent** de l'énonciation ; les faits antérieurs à ce présent sont rapportés au **passé composé** ou à l'**imparfait :** ces deux « temps », comme on le verra, sont aspectuellement complémentaires (cf. *infra* p. 65 et p. 66). Les **futurs,** futur simple et futur périphrastique *(tu partiras/tu vas partir)* relèvent uniquement du *discours :* de fait, ils sont le résultat de visées de l'énonciateur vers l'avenir à partir de son présent.

• Le *récit,* lui, a pour « temps » de base le **passé simple ;** il utilise également l'**imparfait,** complémentaire du PS comme il l'est du PC. Le futur est *a priori* totalement exclu ; en effet, le *récit,* qui rapporte un enchaînement de faits purs supportés par un narrateur omniscient et invisible, est incompatible avec la tension d'un énonciateur vers des faits non-réalisés. Il arrive cependant que le *récit* doive anticiper sur la suite des événements ; dans ce cas il ne s'agit pas d'un véritable futur mais d'un « pseudo-futur », qui exprime une sorte de fatalité, de nécessité. A cette fin sont employés *aller/devoir* à l'imparfait + verbe à l'infinitif : *Richelieu allait/devait en subir les conséquences plus tard.* Benveniste appelle **prospectif** ce pseudo-futur. En règle générale, le narrateur anticipe peu sur la suite de sa narration, alors qu'il opère de nombreux retours en arrière ; l'ordre des énoncés, dans l'idéal, est censé simuler l'ordre chronologique des événements.

Le fait que l'imparfait soit commun au discours et au récit contribue à donner l'impression qu'il y aurait une continuité entre ces deux systèmes de « temps ».

Passé composé/Imparfait ↑ Présent ↓ Futur	Passé simple/Imparfait ↓ (Prospectif)
Discours	**Récit**

La théorie de Benveniste répartit les « temps » en PS-Imparfait d'un côté et Présent-Futur-PC-Imparfait de l'autre. Mais le linguiste allemand H. Weinrich (*Le temps,* trad. fr., Seuil 1973) distingue, en revanche, deux systèmes : le « commentaire » (Présent-PC-Futur) et le « récit » (PS-Imparfait-Conditionnel). Il associe donc l'imparfait au seul « récit » alors que Benveniste l'associe aux deux systèmes. La théorie de Benveniste nous semble de loin préférable. Sur ce point on peut consulter les articles de J. Simonin-Grumbach (1977) et de J.-M. Adam (1976).

2. ERREURS D'INTERPRÉTATION À ÉVITER

La distinction *discours/récit* est d'une grande importance, mais, si elle est mal comprise, elle risque de susciter des interprétations erronées.

— Les personnes

• On peut être tenté de poser les équivalences suivantes : présence de *je-tu* ⟺ *discours ;* absence de *je-tu* ⟺ *récit.* En réalité, c'est la combinaison non-personne + PS qui fonde le *récit,* et non la seule présence de la non-personne. Un énoncé comme *Paul a pris le train hier,* bien que sans personnes, relève du *discours :* le verbe au PC lie l'énoncé à l'actualité de son énonciateur ; le déictique *hier* montre d'ailleurs clairement qu'il y a référence au présent de l'énonciation. La non-personne dans le *récit* n'a donc pas le même statut que dans le *discours* : dans le premier cas elle est moins une « non-personne » qu'une absence de personne, alors que dans le *discours* elle s'oppose effectivement aux deux « personnes ».

• À affirmer qu'en français contemporain le PS ne se combine qu'avec la non-personne, il semble qu'on s'expose à une infinité de contre-exemples. La littérature, en particulier, n'est pas avare de l'association *je* + PS :

> « J'*allai* voir ma sœur. Elle me laissa toucher son enfant ; je *mis* mes lunettes et je le *vis* sortir de l'air trouble comme s'il émergeait des nuages du monde. Je *pris* sa petite main dans ma main. »
> (J. Giono, *Rondeur des jours,* Folio p. 132.)

En fait, il faut bien voir que la distinction *discours/récit* ne prétend valoir que pour la langue « courante » : en sont exclus aussi bien les archaïsmes délibérés que le discours littéraire, qui a la particularité d'user systématiquement de ressources linguistiques aux marges des échanges verbaux habituels. Mais ce n'est pas là l'essentiel : en usant de l'association *je* + PS l'auteur donne à ce *je* le statut d'une « non-personne » de *récit,* d'un *je* narratif distinct de son *je* d'énonciateur actuel. De fait, quand il est combiné avec le PS le *je* est presque toujours associé à l'absence de déictiques et on pourrait le remplacer par une non-personne sans modifier en rien le reste du texte. Lorsqu'un enfant fait une rédaction au *je* + PS ce n'est pas nécessairement un manque de « naturel » mais plutôt le résultat de l'intériorisation de normes narratives qui permettent de constituer son *je* en *je* textuel, personnage de narration.

Constitution d'1 je textuel → personnage Narrateur

— Récit et passé

Le choix du PS et du *récit* n'est pas intrinsèquement lié à la narration de faits passés, même si c'est à cela que sert le *récit* le plus souvent. En fait, il se définit avant tout comme un plan d'énonciation coupé de l'instance d'énonciation : seront donc au PS non seulement les narrations historiques mais encore les œuvres de fiction, y compris celles de science-fiction, qui sont pourtant censées se dérouler dans un avenir lointain. Les dimensions du passé et du futur n'ont de sens que par opposition au présent, c'est-à-dire seulement à l'intérieur du *discours.* C'est pour cette raison que Benveniste préfère parler d' « aoriste » (terme emprunté à la grammaire grecque) plutôt que de *passé* simple.

— Imbrication du discours et du récit

Les concepts de *discours* et de *récit* ont été construits pour rendre compte du fonctionnement de la langue, au prix d'une nécessaire abstraction. Il ne faudrait pas en déduire, par exemple, que le *récit* ne se rencontre qu'à l'écrit : il peut exister des cas particuliers de *récits* oraux (un cours d'histoire magistral, un conte...). De même, quand on dissocie nettement énoncés au *discours* et énoncés au *récit* on ne tient pas compte du fait que très souvent on constate qu'un même texte fait alterner ces deux types d'énonciation. Déjà, la présence de citations au discours direct dans une narration relevant du *récit* marque un passage au *discours* (le discours indirect en revanche ne brise pas le fil du *récit* (cf. *infra* III, chap. 1). En règle générale il est difficile de trouver un énoncé au *récit* d'une certaine longueur qui ne comporte pas des éléments de *discours.* Ainsi dans ces lignes de F. Mauriac :

> « L'avocat cria : « Non-lieu » et, se retournant vers Thérèse : « Vous pouvez sortir : il n'y a personne ».
>
> Elle descendit des marches mouillées. Oui, la petite place semblait déserte. Son père ne l'embrassa pas, ne lui donna même pas un regard. »
>
> (*Thérèse Desqueyroux,* Livre de Poche, p. 7.)

Le *récit* est interrompu à trois reprises : deux fois par le discours direct et une troisième, plus discrètement, par la présence d'un « oui » qui renvoie à l'assertion d'un énonciateur et nous amène à y lire un fragment de monologue intérieur rapporté à Thérèse.

Le cas inverse (inclusion d'un fragment de *récit* dans un texte à dominante *« discours »*) est nécessairement moins fréquent et plus nettement perçu. Par exemple :

> « Avec sa femme il venait nous voir au Jour de l'An. Tellement ils faisaient d'économies, ils mangeaient si mal, ils parlaient à personne, que le jour où ils sont crounis, on se souvenait plus d'eux dans le quartier. Ce *fut* la surprise. Ils ont fini francs-maçons, lui d'un cancer, elle d'abstinence. On l'a retrouvée sa femme, la Blanche, aux Buttes-Chaumont. »
>
> (Céline, *Mort à crédit,* Folio p. 60.)

L'unique PS introduit une rupture dans le *discours,* rupture liée au contenu même de la phrase : la surprise.

CHAPITRE 4 : LE PRÉSENT

Le « temps » présent est à la fois « temps » de base du *discours,* défini comme coïncidence avec le moment d'énonciation, terme non-marqué du système de l'indicatif, et forme aspectuellement peu définie. De ce fait, il se révèle très polyvalent, possédant tantôt une valeur déictique qui l'oppose aux autres « temps », passés et futurs, tantôt une valeur non-temporelle.

1. LE PRÉSENT COMME « TEMPS » DU DISCOURS

— L'actuel

Si le « temps » présent en tant qu'élément déictique marque indubitablement la coïncidence du procès de l'énoncé avec le moment de son énonciation, il s'avère malheureusement impossible d'assigner une limite nette à ce que l'on doit considérer comme l'actualité de cette énonciation. Déjà le présent peut être employé pour référer au passé immédiat *(Quand l'as-tu vu ? Je le* **quitte** *(à l'instant))* ou au futur immédiat *(Je suis prêt, je* **pars***),* mais on peut considérer que dans ce cas on demeure dans le cadre du « présent ». En revanche, un énoncé en apparence aussi transparent que *Jean chasse le lapin* est ambigu hors contexte : chasse-t-il au moment même où l'énoncé est produit (= il est en train de chasser), ou s'agit-il d'une activité dont il est coutumier (= c'est un chasseur de lapins) ? Ce que l'on considère comme « contemporain du moment d'énonciation » est donc très extensible : ce peut être une action en cours, une propriété, un état stable, etc. Dans certains cas le présent s'opposera à un passé et à un futur chronologiquement proches *(« Tiens ! Il sort dans le jardin »),* dans d'autres à un passé et à un futur plus lointains *(Ma tante vit chez sa mère)*. C'est dire que le poids du contexte est déterminant puisque l'énonciateur use indifféremment du présent pour tout ce qui est valide au moment où il parle.

— L'habitude

Il faut toutefois accorder une place spécifique au présent dit « d'habitude » (ou « fréquentatif »), une des variétés de l'aspect itératif. On affirme souvent que le présent est apte à exprimer les procès habituels ; cela n'est pas exact, il faudrait plutôt dire qu'il est compatible avec une telle interprétation, l'habitude étant en fait marquée non par le « temps » mais par un circonstant ; dans *Nicole promène son chien* **chaque matin,** c'est *chaque matin* qui exprime l'habitude. Il y a cependant une nécessité qu'il y ait là une forme du « présent » puisqu'il s'agit d'une habitude présente et qu'il faut marquer cette valeur déictique.

2. LE PRÉSENT COMME « FORME ZÉRO »

— Passé et futur

En tant que forme non-marquée de l'indicatif, le « présent » est susceptible d'entrer dans des énoncés exprimant le passé ou le futur. Dans ce cas c'est un circonstant qui indique la valeur temporelle :

> **Demain** *Paul va à Nice.*
> **Hier** *je vais chez lui, sa mère veut pas que je rentre...*

Il ne faut pas penser qu'ici le présent se met à exprimer le futur ou le passé ; en fait, outre sa fonction assertive il ne donne ici que la personne et l'aspect, et ce sont les adverbes qui portent l'information temporelle de l'énoncé.
La langue parlée recourt beaucoup à ce procédé, extrêmement commode. il suffit de signaler par le contexte s'il s'agit de passé ou de futur pour avoir la possibilité d'utiliser constamment le « présent », forme la plus économique et la plus indéterminée de l'indicatif : « Hier, je *suis* convoqué au commissariat à 3 heures. J'*arrive,* il y *avait* déjà plein de monde. J'*attends* deux heures. J'*étais* furieux ». Ici les formes du « passé » et du « présent » peuvent alterner. L'usage de ce type de présent suppose une séquence d'événements : isolé, l'énoncé « Hier j'arrive » serait impossible. En effet, les énoncés s'appuient successivement les uns sur les autres au lieu d'être repérés par un embrayage sur la situation d'énonciation.

— Le présent générique

Les emplois du « présent » considérés jusqu'ici appartiennent au *discours* et se rapportent en tant que tels à l'instance d'énonciation. Il n'en va pas toujours ainsi.

Soit l'énoncé *Le chat est un vertébré ;* en tant qu'énoncé-occurrence il suppose un acte d'énonciation, un événement discursif survenu en un temps et un lieu déterminés. Pourtant, le fait que le chat soit un vertébré constitue une vérité qui perdure, indépendante de son énonciation : émis par n'importe quel énonciateur dans n'importe quelle situation cet énoncé demeure valide. Ici il ne saurait y avoir d'embrayeurs, et le « présent » du verbe ne peut être opposé à un passé ou à un futur ; il s'agit là d'une forme temporelle « zéro », a-temporelle ou « générique ».

A vrai dire ce présent générique ne doit pas être considéré isolément : c'est l'énoncé pris globalement qui a valeur générique et non le seul affixe du « présent ». C'est ainsi que dans ce type d'énoncés les syntagmes nominaux sont employés en tant que *classe* et non comme individus : *Les soldats reçoivent du pain de campagne* aura un sens actuel s'il s'agit d'un ensemble limité de soldats et un sens générique si *Les soldats* renvoie à la classe des soldats et si le « présent » a valeur générique.

Cette dernière interprétation est grandement facilitée par la prise en compte du *type de discours* dans lequel se trouve inséré l'énoncé. Il est bien connu, en effet, que les maximes (cf. *Souvent femme varie*) et les textes théoriques (scientifiques, philosophiques...) recourent beaucoup à ce « présent », qui permet de construire un univers de définitions, de propriétés, de relations tout à fait étranger à la temporalité, ou qui cherche à se poser comme tel :

> Discours scientifique
> — « L'intonation se *réalise* physiquement par des variations de la fréquence du ton fondamental des vibrations périodiques. Les sons sourds n'*ont* pas d'intonation... »
> (B. Malmberg, *Phonétique française,* Hermods, éd. p. 155.)
>
> Discours juridique
> — « Tout fait quelconque de l'homme qui *cause* à autrui un dommage *oblige* celui par la faute duquel il est arrivé à le réparer. »
> (Article 1382 du *Code civil.*)

— Le « présent » dans le récit

La définition du *récit* donnée au chapitre 2 associait implicitement l'absence d'embrayeurs à l'emploi du passé simple. En réalité, les choses sont plus complexes, car le « présent » peut fort bien être utilisé dans un texte relevant du *récit* en lieu et place du passé simple, avec lequel il alterne sans difficulté. Il s'agit là d'un emploi réservé à la langue écrite, qui ne doit pas être confondu avec le « présent » de la langue parlée à fonction de passé ou de futur, lequel constitue une forme du *discours* associée aux déictiques et aux personnes.

On peut appeler **présent historique** ce « présent » de *récit*.

Considérons-en deux exemples significatifs, l'un puisé dans la littérature, l'autre dans un quotidien :

> — « Bonaparte... *projeta* d'amener une branche du Nil dans le golfe Arabique : au fond de ce golfe son imagination *traça* l'emplacement d'un nouvel Ophir, où se tiendrait tous les ans une foire pour les marchands... Les cénobites *descendent* du Sinaï, et le *prient* d'inscrire son nom auprès de celui de Saladin dans le livre de leurs garanties. »
> (Chateaubriand, *Mémoires d'outre-tombe,* Livre de Poche tome II, p. 58, XIX, chap. 15.)

> — « Né à Orléans le 9 août 1891, le cardinal J.-M. Martin *passe* sa licence ès lettres et sa licence en droit à Bordeaux avant d'entrer au grand séminaire de cette ville. Il *termine* ses études à Rome, où il *obtient* le grade de docteur en théologie. Ordonné en 1920, il *exerça* son ministère pastoral dans plusieurs paroisses de Gironde, puis, en 1937, *devint* vicaire général... »
> (*Le Monde,* 23-1-1976.)

Dans les deux textes, le passage du passé simple au présent historique s'opère sans la moindre difficulté et n'a d'incidence sur l'organisation du texte que sur le plan « stylistique ».

Une fois encore on prend la mesure de la polyvalence du « présent », liée à son statut de forme non-marquée. Ce *présent historique* présente toutefois un inconvénient : comme l'imparfait y est le plus souvent impossible, le texte n'est pas à même d'exploiter les ressources qu'offre l'alternance entre passé simple et imparfait (cf. *infra* chap. 5) et perd donc tout étagement « en profondeur ». Ainsi dans cet extrait de presse :

> « (...) La commission d'urbanisme commercial *donne* un avis défavorable, mais le préfet *est* seul juge : il *appuie* le projet ».
> (*Le Matin,* 11-6-79.)

On s'aperçoit que si *donne* et *appuie* pourraient être transposés sans difficulté au passé simple, *est,* en revanche, le serait à l'imparfait ou au passé simple selon l'interprétation qu'on a de la phrase : est-ce un droit permanent des préfets (→ imparfait) ou une décision que celui-ci a prise de son propre chef (→ passé simple) ? Le « présent historique » ne permet pas de lever cette ambiguïté.

CHAPITRE 5 :
IMPARFAIT/PASSÉ SIMPLE/PASSÉ COMPOSÉ

1. DE L'ASPECT À L'OPPOSITION DES PLANS

— Imparfait et présent

On a vu que le présent marquait la coïncidence entre le moment d'énonciation et le moment du procès. L'imparfait, à strictement parler, ne réfère pas à un procès « passé » mais marque la coïncidence entre un procès et un point de repère qui est passé, c'est-à-dire antérieur au moment d'énonciation. Dans *Juliette marchait sur la route hier à midi* le circonstant temporel constitue ce repère passé. L'imparfait apparaît donc comme un homologue du présent par rapport à un repère antérieur : si le repère du présent, c'est le moment d'énonciation, celui de l'imparfait n'est autre qu'*un moment dont l'énonciateur parle.* Par conséquent, ce n'est pas le procès qui est passé, mais le point de vue auquel on se situe pour le saisir en cours de déroulement ; de fait, rien ne nous dit que le procès *Julien pleurait* soit effectivement passé (il peut encore pleurer à présent) : c'est là un problème qui ne relève pas du langage mais d'un savoir extralinguistique.

Il n'est donc pas surprenant que l'imparfait ait un fonctionnement remarquablement similaire à celui du présent :

— *René mange* (= est en train de) *sa soupe*
René mangeait (= était en train de) *sa soupe*

— *Paul arrive* (= va arriver)
Paul arrivait (= allait arriver)

— *Luc arrive* (= vient d'arriver)
Luc arrivait (= venait d'arriver)

— *Paul va arriver*
Paul allait arriver

— *Jean vient de partir*
Jean venait de partir

— *Tous les jours je fais la sieste*
Tous les jours je faisais la sieste

— *Les Italiens aiment l'opéra*
Les Italiens aimaient l'opéra

— *Marie est rousse*
Marie était rousse

(Sur cette similarité voir également *infra* p. 81.)

— Un micro-système

Cependant, cette symétrie ne saurait être systématiquement poussée car elle se heurte à un fait structural fondamental : si le présent est le seul « temps » servant à exprimer des procès inscrits dans le moment d'énonciation, l'imparfait, lui, n'est pas dissociable du micro-système qu'il constitue avec les deux autres « temps » du passé, PS et PC. Employés sans circonstant temporel ni autre « temps », le PS ou le PC suffisent à inscrire un énoncé dans la temporalité ; en revanche, un énoncé constitué uniquement d'imparfaits est perçu comme incomplet ou sera, au mieux, interprété comme exprimant l'habitude. Comparons ainsi :

(1) *Inès a escaladé sans effort le col*
(2) *Inès escaladait sans effort le col*

Si (1) réfère à un événement que le PC suffit à inscrire dans le temps, (2) a besoin d'être inséré dans un contexte plus vaste capable de lui conférer une assise temporelle satisfaisante. C'est que l'imparfait ne peut guère être utilisé tout seul mais se trouve en règle générale associé à ces « temps » perfectifs que sont le PS et le PC, auxquels il s'oppose de la même manière (cf. *supra* p. 56). A la différence du présent dont le repère, implicite, est fourni par la situation, l'imparfait a donc besoin d'un repère explicité par le contexte, et ce rôle est en général tenu par les « temps » perfectifs. Ces derniers n'exigent qu'une datation objective de leur procès, étant considérés en quelque sorte par rapport à eux-mêmes et non par rapport à un repère.

Cette solidarité fonctionnelle entre « temps » perfectifs et imparfait apparaît avec une particulière netteté quand on les met en relation au sein du même énoncé, au travers de ce que certains linguistes appellent « schéma d'incidence » : dans

Il sortit au moment où Pierre fermait les volets

la forme imperfective représente le procès en cours d'accomplissement et offre la base sur laquelle tombe le « point » d'*incidence* que constitue le verbe à la forme perfective.

— Premier plan/arrière-plan

Ce schéma d'incidence ne se limite cependant pas aux frontières de la phrase, il fonctionne tout aussi bien dans le cadre d'unités transphrastiques et joue alors un rôle capital dans l'organisation textuelle, *dépassant ainsi la stricte perspective aspectuelle* perfectif/imperfectif. Les formes imperfectives s'y groupent autour de formes perfectives pour leur servir de base d'incidence, et chaque ensemble (forme(s) perfective(s) + forme(s) imperfective(s) associée(s)) constitue donc une unité textuelle cohérente à l'intérieur d'une totalité narrative plus vaste. C'est dire que l'on rencontre ici des problèmes relevant d'une *linguistique textuelle.*
Considérons ce texte qui relève du *discours :*

> « Tu sais, hier après-midi il *fallait* que j'aille chez Monique. Il *faisait* pas bien beau, mais je suis parti quand même à pied. A peu près à dix minutes de chez elle il s'est mis à dégringoler une averse terrible ; la rue *était* complètement couverte et tout le monde *avait dû* se mettre à l'abri. J'*avais* jamais *vu* ça. Eh bien ! tu me croiras si tu veux, il m'a fallu une demi-heure avant de pouvoir repartir. Finalement quand je suis arrivé elle *était* pas là et je m'*étais fatigué* pour rien. »

Dans ce texte deux « plans » distincts s'opposent nettement : les verbes à un « temps » perfectif (le PC) définissent la dynamique des actions successives de la narration tandis que sur un autre plan les verbes à l'imparfait, qui sont associés chacun à une forme perfective, présentent la toile de fond, le décor, les commentaires, etc., en clair tout ce qui est simultané aux formes du PC ne fait pas progresser le récit. Ainsi *fallait* et *faisait* sont associés à *suis parti ; était couverte, avait dû, avais vu* sont associés à *s'est mis à dégringoler...*

Nous avons employé une métaphore picturale, « toile de fond », pour distinguer ces deux plans ; de manière comparable H. Weinrich (*Le temps,* tr. fr. Seuil 1973) utilise systématiquement les notions de **premier plan** (formes perfectives) et **arrière-plan** (formes en *-ait*). Cet *arrière-plan* sert donc essentiellement à la *description* (par opposition à la progression narrative) destinée à la fois à préciser le caractère, les émotions... des personnages, à fournir des informations sur l'atmosphère, l'identité des personnes et les localisations spatio-temporelles, à donner des commentaires, etc.

Cette complémentarité entre les deux plans, que Weinrich appelle **mise en relief,** est à l'œuvre aussi bien dans le *discours* que dans le *récit;* cependant elle acquiert son efficacité maximale dans le *récit* littéraire. En effet, outre le degré d'élaboration supérieur que supposent l'écrit et les techniques littéraires, il faut bien voir que le PS constitue le « temps » adapté aux narrations ritualisées, qui se présentent comme un enchaînement rigoureux d'actions successives. En cela le PS se distingue du PC, qui n'est pas prédisposé à enchaîner les actions d'une totalité narrative. Le PC présente les événements successifs comme « isolés » les uns des autres, mal intégrés à la nécessité d'une chaîne causale, d'une économie narrative efficace. Sur ce point, le cas — célèbre — de *L'Étranger* d'A. Camus est très révélateur : en utilisant presque exclusivement la combinaison *je* + PC, l'auteur donne l'impression d'une série de faits s'ajoutant les uns aux autres de manière contingente, s'accumulant en quelque sorte, au lieu de participer d'une dynamique narrative unifiée orientée vers une fin. C'est aussi là un des effets de la distinction entre *discours* et *récit :* le PC, associé à *je-tu,* au présent d'énonciation, aux déictiques, suppose une perspective d'énonciation incompatible avec celle d'une logique narrative autonome, coupée de l'instance d'énonciation.

Considérons le début de *L'Assommoir :*

> « Gervaise avait attendu Lantier jusqu'à deux heures du matin. Puis, toute frissonnante d'être restée en camisole à l'air vif de la fenêtre, elle s'était assoupie, jetée en travers du lit, fiévreuse, les joues trempées de larmes. Depuis huit jours, au sortir du Veau-à-deux-têtes, où ils mangeaient il l'envoyait se coucher avec les enfants et ne reparaissait que tard dans la nuit en racontant qu'il cherchait du travail. Ce soir-là, pendant qu'elle guettait son retour, elle croyait l'avoir vu entrer au bal du Grand-Balcon, dont les dix fenêtres flambantes éclairaient d'une nappe d'incendie la coulée noire des boulevards extérieurs ; et, derrière lui elle avait aperçu la petite Adèle, une brunisseuse qui dînait à leur restaurant, marchant à cinq ou six pas, les mains ballantes comme si elle venait de lui quitter le bras pour ne pas passer ensemble sous la clarté crue des globes de la porte.
>
> Quand Gervaise s'éveilla, vers cinq heures, raidie, les reins brisés, elle éclata en sanglots. Lantier n'était pas rentré. Pour la première fois, il découchait. Elle resta assise au bord du lit, sous le lambeau de perse déteinte qui tombait de la flèche attachée au plafond par une ficelle. Et, lentement, de ses yeux voilés de larmes, elle faisait le tour de la misérable chambre garnie. »
>
> (É. Zola.)

On se rend vite compte que l'opposition aspectuelle entre perfectif et imperfectif, prise au sens strict, s'avère ici incapable de justifier l'emploi des « temps » de ce texte ; en revanche, la distinction entre les deux « plans » narratifs est tout à fait opératoire. C'est ainsi que le premier paragraphe dans sa totalité constitue l'arrière-plan associé à la forme de premier plan *s'éveilla,* au début du second paragraphe. Première « action » du récit, premier maillon de la chaîne narrative ce réveil est donc associé à tout ce qui l'a rendu possible. De la même façon *éclata en sanglots* est expliqué par les formes en *-ait* qui suivent : *Lantier n'était pas rentré... découchait.* Enfin, *resta* commande *tombait* et *faisait.* Au premier plan il n'y a finalement que trois procès *(s'éveilla → éclata en sanglots → resta assise)* participant à la progression de l'action. L'importance des formes d'arrière-plan au premier paragraphe est liée au fait qu'il s'agit du début du roman, donc d'une exposition.

Il faut être bien conscient du fait qu'il n'existe pas *a priori* de verbes de premier plan ou d'arrière-plan ; c'est le narrateur qui opère la répartition et non le sens des verbes. C'est ainsi que dans le texte de Zola le sens de *rester* induirait plutôt l'imparfait et celui de *faire le tour* plutôt le PS.

Comparons par exemple ces deux fragments :

> (1) Jeanne *alla* à la grange. Le soleil brillait davantage ; le chien sautait de joie. Elle *comprit* qu'elle était seule.
>
> (2) Jeanne allait à la grange. Le soleil *brilla* davantage ; le chien *sauta* de joie. Elle comprenait qu'elle était seule.

De l'un à l'autre seuls les « temps » se sont inversés ; cette répartition différente des deux plans suffit à changer complètement la signification des deux textes. On ne saurait donc parler *a priori* de « verbes d'action » et de « verbes de description », dans la mesure où c'est leur fonction dans une unité textuelle déterminée qui leur confère tel ou tel rôle. Le seul fait de mettre *briller* au PS en (2) revient à conférer *ipso facto* une valeur agentive à son sujet, tandis que le fait d'écrire « Jeanne *allait* à la grange » ôte à Jeanne pour une bonne part sa valeur agentive, bien qu'il s'agisse d'un sujet animé humain.

2. L'IMPARFAIT PERFECTIF

Jusqu'ici nous avons considéré l'imparfait dans son statut aspectuel d'imperfectif ou dans le prolongement de celui-ci ; dans la narration, la dynamique du récit était le propre des « temps » perfectifs complémentaires. Pourtant, il n'en est pas toujours ainsi : dans un certain nombre de contextes il arrive que l'imparfait fonctionne comme une forme perfective. Nous en considérerons deux exemples.

— L'imparfait consécutif

Dans certaines séquences PS/PC → IMP, l'imparfait n'exprime pas un procès simultané de celui du « temps » perfectif (comme dans la « mise en relief ») mais un procès perfectif postérieur, ainsi que le souligne la présence d'un circonstant temporel qui marque nettement cette postériorité *(peu après, le lendemain...)*. Soit les phrases

(1) Paulette se tut ; on arriva à Rome et on n'en parla plus.
(2) Paulette se tut ; on arrivait à Rome et on n'en parlait plus.
(3) Paulette se tut ; le lendemain on arrivait à Rome et on n'en parlait plus.

(1) présente des actions successives de premier plan ; (2) oppose le premier plan à l'arrière-plan (relation de causalité) ; en revanche, (3) peut être interprété comme une succession de procès perfectifs.

On peut s'étonner qu'en (3) n'ait pas été employé le PS au lieu de l'imparfait. En fait, le passage du PS à l'imparfait introduit une dissymétrie, une rupture, qui amènent le lecteur à en faire une exploitation sémantique : les énoncés à l'imparfait sont opposés à ceux, antérieurs, au PS, et marquent de ce fait la conséquence ou la concession.

— La narration journalistique

Le discours de la presse nous montre qu'il est tout à fait possible d'utiliser des séries d'imparfaits à valeur perfective de la même manière que des PS. Cependant, cette technique ne peut concerner la totalité du récit : du fait de l'impuissance de l'imparfait à situer temporellement les énoncés, il est en général nécessaire qu'au moins le cadre narratif soit introduit par des formes de « temps » perfectifs. Un tel procédé possède l'inconvénient de ne pas permettre d'exploiter les ressources qu'offre le passage du premier plan à l'arrière-plan, puisque tous les verbes y sont à l'imparfait.

L'efficacité de ce procédé repose certainement sur un détournement de la valeur originellement imperfective de l'imparfait ; comme ce dernier doit « s'appuyer » sur des formes perfectives pour rapporter un événement achevé, le récepteur du reportage cherche tout au long de ces séries d'imparfaits des verbes à un « temps » perfectif et, ne les trouvant pas, aura tendance à percevoir ce qui est narré comme en accélération : c'est là un effet particulièrement recherché par ce type de discours, soucieux de donner l'illusion du direct, du « suspense » (le suspense étant précisément une tension vers l'achèvement). Cet imparfait narratif permet en outre d'éviter la distanciation qu'implique l'usage du PS sans obliger à recourir au PC qui, on l'a vu, parvient difficilement à s'intégrer à des chaînes narratives. Il se rapproche plutôt du présent historique ; comme les textes au présent historique, ces reportages à l'imparfait relèvent plutôt du *récit,* ne comportant en général pas de référence à l'instance d'énonciation.

En voici un exemple emprunté à la presse sportive, son domaine de prédilection :

> JODY SCHECKTER RÉSISTE AU RETOUR DE REGAZZONI
>
> Près de cent mille personnes ont assisté hier à un fabuleux Grand Prix, dominé une fois de plus par Ferrari. Dès le départ, les deux voitures de l'écurie italienne, celle du Sud-Africain Jody Scheckter et celle du Canadien Gilles Villeneuve, *prenaient* l'ascendant sur leurs rivaux, et notamment sur les Ligier. A cet instant, en effet, Depailler et Laffite, en quatrième et cinquième position, faisaient partie du peloton de chasse emmené par l'Autrichien Niki Lauda sur sa Brabam-Alfa-Roméo. Mais, bien vite, la course allait connaître des rebondissements inattendus.
>
> C'était d'abord l'Anglais James Hunt qui *rentrait* à pied à son stand, le volant à la main. Puis c'*était* le tour de Jacques Laffite, obligé de s'arrêter à son stand également. Le pilote français *repartait* aussitôt, après avoir perdu un minimum de temps, mais occupait alors l'avant-dernière position, à plus d'une minute de Ferrari, qui *menait* la ronde. Enfin, Patrick Depailler, luttant farouchement pour la troisième place avec Lauda, *faisait* un écart dans le virage de Mirabeau et *perdait* lui aussi une minute sur ses adversaires.
>
> (...) Alors que quelques instants auparavant Didier Pironi (Tyrell) *était* contraint à l'abandon après un accrochage, on *assistait* à un fantastique retour des Ligier. Laffite *établissait* les meilleurs tours de piste. Relégué à 1'13", le Français *revenait* à 43" lorsqu'il sortit à son tour de la piste au « S » de la piscine. Seule, la Ligier de Depailler pouvait encore limiter les dégâts (...).
>
> Comme il était logique de le prévoir, Ferrari a donc concrétisé sa supériorité, affichée lors des essais. Cette nouvelle victoire du Sud-Africain (il a remporté le Grand Prix de Belgique) lui permet de prendre ses distances au classement du Championnat du monde, où il occupe seul la première place. (*Le Matin,* 28 mai 1979.)

On le voit, la série des imparfaits est réservée à la narration des diverses phases de la course ; on pourrait les remplacer par des PS sans avoir à modifier le texte en quoi que ce soit (d'ailleurs on rencontre une forme de PS, *sortit,* au § 2). En revanche, l'introduction et la conclusion sont au PC ; elles constituent les éléments « statiques » du reportage : mise en place du cadre et jugement d'ensemble sur l'épreuve. On remarquera l' « aplatissement » du texte qu'entraîne cet usage de l'imparfait : les formes *menait* (§ 2) et *pouvait* (§ 2), par exemple, ne pourraient être transposées au PS (elles expriment des procès imperfectifs) mais se trouvent placées sur le même plan que les imparfaits transposables au PS. Pour un reportage sportif, qui repose sur une succession parfaitement linéaire d'actions « pures », cette carence n'a guère d'importance ; en revanche, un tissu narratif un tant soit peu élaboré ne saurait s'accommoder de ce seul imparfait perfectif.

3. IMPARFAIT ET ÉCHANGE LINGUISTIQUE

— L'euphémisation

Il est courant qu'un locuteur s'adressant à quelqu'un lui dise : *je voul***ais***/ven***ais***... vous dire...*, en particulier quand il veut demander quelque chose à un allocutaire socialement « supérieur » ou non familier. Cet imparfait ne renvoie pourtant pas à une énonciation passée mais présente : c'est au moment où il prend la parole qu'il « veut », « désire », etc. Ce phénomène concerne essentiellement la combinaison *je + imparfait* (parfois la non-personne quand l'énonciateur joue un rôle d'intercesseur : *Il souhait***ait** *vous demander...*) et un nombre très limité de verbes *(désirer, tenir à, souhaiter...)*. Ces verbes modaux ont essentiellement deux fonctions : a) ils expriment le *désir* qui sous-tend la prise de parole ; b) ils constituent des signes démarcatifs de cette prise de parole.

Tout se passe donc comme si ces verbes, employés par l'énonciateur au présent, se trouvaient porteurs d'une charge d'agressivité à l'égard de l'allocutaire dès lors que le locuteur utilise à son profit le pouvoir qu'a tout sujet parlant de contraindre quelqu'un à l'écouter, de le transformer en son allocutaire. En d'autres termes, imposer sa parole à autrui constitue un acte qui ne va pas de soi ; certes, cela ne pose aucun problème quand il existe une familiarité suffisante entre les deux protagonistes, en revanche toute disjonction sociale amène l'énonciateur à euphémiser la violence inhérente à sa prise de parole. Cette euphémisation se traduit par un déplacement du présent d'énonciation vers l'imparfait ; le désir est alors exclu de l'actualité, renvoyé vers un passé fictif : il est énoncé mais « désamorcé », moins actualisé. En effet, dire *Je veux* c'est vouloir effectivement, alors que dire *Je voulais* c'est seulement « raconter » ce désir, en dissociant sujet d'énonciation et sujet d'énoncé.

Si le locuteur n'emploie pas à cet effet l'autre « temps » passé du *discours,* le PC, c'est que des formes comme *j'ai désiré, voulu,* etc., introduiraient une rupture entre l'actualité de ce désir et le moment d'énonciation. En revanche, l'imparfait n'institue pas une telle coupure : *je désirais* constitue un procès qu'on ne ferme pas sur sa droite et qui peut se poursuivre continûment jusqu'au moment d'énonciation.

— Imparfait et personnes

Ce premier emploi de l'imparfait n'est pas sans en évoquer un autre, celui de la substitution de la non-personne au *Tu* dans les propos déférents (cf. *supra* p. 17) ; de même que, par ce dernier procédé, le *Je* s'excluait d'une réciprocité avec *Tu,* de même le *Je* s'exclut ici en mettant au passé son acte d'interpellation d'autrui. Dans le premier cas, c'était la relation entre énonciateur et allocutaire qui était atteinte, dans le second, c'est le présent de l'énonciation ; mais dans les deux cas c'est le fonctionnement des *embrayeurs* qui se trouve modifié, de manière à tourner les contraintes inhérentes à la mise en place de l'échange linguistique.

L'analogie avec les personnes ne s'arrête pas là. On a déjà noté (cf. *supra* p. 18) que la non-personne ou le *Je* se substituaient au *Tu* lorsque l'allocutaire n'était pas doué de parole ; or cette substitution s'accompagne très souvent d'une autre, celle de l'imparfait au présent (imparfait dit « hypocoristique ») :

*J'***avais** *de beaux yeux, moi...*
Il **était** *gentil le chien à sa mémère...*

comme si l'impossibilité d'une réciprocité dans l'échange devait être marquée à la fois dans les personnes et dans le présent d'énonciation. Ici encore c'est l'existence d'une sorte d'interdit sur l'échange qui touche l'acte d'énonciation en son lieu névralgique : les personnes et le présent de l'énonciation, c'est-à-dire l'actualisation la plus forte.

Interdit sur l'échange	Je ↛ Tu	Je ↚ Tu
Personnes	Tu ⇒ non-personne **Monsieur** *désire ?*	Tu ⇒ non-personne ↘ Je-Nous **Il** *a de beaux yeux...* **Je (Nous)** *suis sage, moi...*
« Temps »	Présent ⇒ Imparfait *Je* **voulais** *vous dire...*	Présent ⇒ Imparfait *Il* **avait** *de beaux yeux...* *J'***étais** *sage, moi...*

CHAPITRE 6 : LE FUTUR

1. LES DIVERSES FORMES ET LEURS EMPLOIS

— Les futurs

Si l'on en croit certaines grammaires, le futur ne s'exprimerait que par un seul « temps », le « futur simple ». En fait, c'est réduire la réalité linguistique que de considérer comme marginales les autres possibilités morphologiques ; c'est ainsi que ces quatre énoncés expriment le futur concurremment :

(1) *Paul chante demain à l'Olympia.*
(2) *Paul doit chanter demain à l'Olympia.*
(3) *Paul va chanter demain à l'Olympia.*
(4) *Paul chantera demain à l'Olympia.*

Ces diverses formes ne servent qu'à situer le procès à un moment postérieur au présent d'énonciation. Il n'y a cependant qu'en (3) et (4) que le verbe puisse exprimer le futur univoquement sans être associé à un circonstant temporel. Tous ces « futurs » relèvent du *discours* et s'emploient à toutes les personnes de la conjugaison.

Nous avons déjà considéré le cas de (1) ; ce futur est fréquent dans la langue parlée, qui recourt par économie au présent, forme centrale du système du *discours*. Ce présent est cependant soumis à quelques contraintes assez lâches ; il est fréquemment associé à une indication de date proche, à *je-tu :* si *Je m'évade demain* est une phrase naturelle, il n'en va pas de même pour *La maison s'effondre avant dix ans* ou *Je vis un jour ou l'autre au Mexique,* qui « passent » plus mal. Quant à (2), il renvoie au très complexe problème des verbes modaux et au non moins délicat problème de la polysémie de *devoir,* qui exprime, selon les contextes, la nécessité, la probabilité ou seulement le futur, sans qu'il soit possible de distinguer parfaitement ce dernier emploi des emplois modaux. Cette utilisation de *devoir* pour exprimer le futur n'est pas étonnante puisque, comme on le verra, le futur est intrinsèquement lié aux valeurs modales.

— Le futur périphrastique

Les deux formes de futur qui n'ont pas besoin de circonstant temporel, *aller + Infinitif* dit « futur périphrastique » (FP) et le « futur simple » (FS) posent du fait de leur concurrence un problème intéressant.

Hors contexte la structure *aller + Infinitif* peut recevoir trois interprétations différentes :

1) Verbe de mouvement au même titre que *courir, descendre...*, qui sont suivis directement d'un verbe à l'infinitif. Dans ce cas *aller* se conjugue à tous les « temps » : *Il ira/est allé dormir...*

2) Futur d'imminence.

3) Futur traditionnellement dit « proche » (on verra que cette dénomination ne correspond pas à son usage effectif).

Dans ces deux dernières fonctions *aller* n'accepte que le présent et l'imparfait. Bien souvent ces trois sens se mêlent et ne sont pas nettement dissociables, ce qui n'est d'ailleurs pas gênant la plupart du temps.

La différence entre futur d'imminence et futur « proche » n'est clairement perceptible que dans certains contextes privilégiés :

(1) *Quand il va neiger je me sens triste.*
(2) *Quand il va neiger je vais me sentir triste.*

En (1) il s'agit d'un futur d'imminence qui commute avec *être sur le point de* et constitue un présent, ici un présent d'habitude ; en (2) on trouve **un véritable futur,** qui commute avec un FS et situe *va neiger* à une période postérieure au moment d'énonciation. De fait, cette forme *aller* + infinitif, loin de devoir être considérée dans le cadre restrictif d'un futur « proche », constitue un paradigme qui se substitue au FS dans un grand nombre de contextes où le procès visé est fort éloigné du ME. Il y a un demi-siècle déjà Damourette et Pichon affirmaient que « dans le français d'aujourd'hui *il va finir* est une ressource aussi normale du verbe qu'*il finira* » (*Des mots à la pensée,* § 1768).

— Futur périphrastique et futur simple

En tant que formes du futur, FS et FP ne sont néanmoins pas substituables dans tous les contextes et l'étude des divergences entre leurs domaines d'emploi respectifs nous amène à faire intervenir certaines dimensions de l'énonciation.

En un sens ce problème des relations entre FS et FP n'est pas sans analogie avec celui que posaient PS et PC. Dans les deux cas, quoique à un degré nettement moindre pour les futurs, il semble y avoir concurrence entre une forme traditionnelle (FS et PS) et une forme « parlée » (FP et PC) qui la supplante peu à peu. Et de même qu'on a fait apparaître une complémentarité entre PS et PC en recourant à la problématique de l'énonciation, de même on peut montrer qu'il existe une sorte de complémentarité énonciative entre FS et FP.

En considérant les contextes où cette commutation est malaisée ou impossible on sera mieux à même de percevoir la spécificité de ces deux « temps » :

(1) *Je ne comprendrai jamais pourquoi vous faites ça.*
(2) *Qu'est-ce qui va nous arriver maintenant ?*
(3) *Il va aller au travail demain.*
(4) *Il partira le lundi 15 juillet.*
(5) *Tu honoreras ton père et ta mère.*
(6) *J'en ai pour quelques minutes, je vais revenir.*
(7) *Un jour l'humanité connaîtra un bonheur perpétuel.*
(8) *La maison de mes rêves aura un jardin plein de roses.*
(9) *Je penserai toujours à lui.*
(10) *N'insiste pas, je n'irai pas.*
(11) *Entre nous on ne va pas faire de manières.*

Si la commutation entre FS et FP ne fait pas problème en (3), le FP est exclu de (1), (5), (7), (8), (9), (10). Même si le FS est possible en (2), (6) et (11) son apparition « solennise ». Enfin, en (4) l'emploi du FP est moins naturel que celui du FS.

Ces quelques constatations illustrent une tendance générale : le FP met le procès dans le prolongement immédiat du présent d'énonciation, alors que le FS apparaît plus « coupé » de ce présent. Mais cette différence de « distance » qu'impliquent ces deux futurs *va au-delà du simple éloignement temporel* et doit également se lire comme *une prise en charge plus ou moins forte* de son énoncé par l'énonciateur.

Avec J-J Franckel (art. cit. en bibl.) on pourrait résumer le contraste entre FS et FP à l'aide de deux différences :

– le FP suppose une contiguïté, une connexion avec le moment d'énonciation, le FS suppose une rupture. Dans le FP l'énonciateur pose son énoncé comme certain, validé, alors que le FS relève du non-certain, pose des procès hors-validation.

– les deux « temps » ont un comportement très divergent à l'égard de la négation (cf. (10) et (11)). Associer la négation au FS, ce n'est pas nier la proposition positive correspondante mais sélectionner directement la proposition négative : *je n'irai pas.* En revanche, lorsque l'on dit *Entre nous on ne va pas faire de manières* on sélectionne d'abord la forme positive pour la nier ensuite. De là la bizarrerie, sans un contexte approprié, d'une phrase comme *je ne vais pas partir.* L'énoncé *Finalement je ne vais pas partir* semble bien meilleur car *finalement* implique qu'a été envisagé antérieurement un *Je vais partir.*

2. FUTUR ET VALEURS MODALES

— Spécificité du futur

Nous avons déjà souligné la dissymétrie entre les formes du passé et celles du futur (cf. *supra* p. 42). incompatible avec la perspective du *récit,* le futur ne dispose pas non plus des étagements complexes que rend possible l'opposition aspectuelle entre passé composé et imparfait. Pour les formes du futur, à la différence de celles du passé, l'essentiel, c'est la **tension** qui s'établit entre l'actualité de l'énonciateur et la réalisation de l'événement que son énoncé supporte. La langue ne reflète donc pas un temps extralinguistique qu'on imagine spontanément comme une ligne continue orientée de gauche à droite. Dès qu'on sort du domaine du certain, repéré par rapport au moment d'énonciation, pour se tourner vers l'avenir, on ne peut qu'imaginer une situation anticipée.

Sur ce point la morphologie est révélatrice, puisque toutes les formes du futur comportent des affixes du présent : *il box***e** *demain, il boxer***a***, il* **va** *boxer, il* **doit** *boxer.* Cela semble évident pour *boxe, doit, va,* mais moins pour *boxera ;* en fait, le FS peut s'analyser comme la combinaison de l'infinitif *(boxer-)* et du présent de l'auxiliaire *avoir : ai, as, a, av-ons, av-ez, ont* (cette « coïncidence » s'explique bien diachroniquement puisque le FS est issu de la combinaison d'un infinitif et de l'étymon du verbe *avoir,* le latin *habere*). Cette analyse permet de voir que finalement FS et FP sont morphologiquement identiques, étant constitués des mêmes éléments, mais combinés différemment :

FP = v-ɛ/a/a, al-ɔ̃/e, v-ɔ̃ + Infinitif
FS = Infinitif + ɛ/a/a/ɔ̃/e/ɔ̃

La morphologie montre donc bien que le futur est le résultat de visées de l'énonciateur à partir de son présent.

Dans ces conditions, il n'est pas possible d'adopter la démarche de beaucoup de grammaires traditionnelles qui, après avoir défini la valeur déictique du FS, ajoutent quelques paragraphes consacrés à ses « valeurs modales ». En réalité, on ne doit pas considérer ces valeurs modales comme des emplois périphériques mais poser dès le départ qu'elles relèvent de plein droit du fonctionnement normal du futur et que ce sont plutôt les emplois non-modaux, « neutres » qui sont périphériques. Énoncer au futur, ce n'est pas situer un événement dans l'avenir, c'est désirer, ordonner, craindre, etc. Seule une vision réductrice du langage qui en fait un simple véhicule d'informations permet de rejeter dans les marges ce qui est en réalité l'essence même du futur : la tension modale.

— Les « valeurs modales »

Ce qu'on entend habituellement par ce terme mêle deux ordres de phénomènes très liés :

1) les *modalités logiques* (cf. *supra* p. 11), la façon dont le locuteur situe la réalisation de son énoncé par rapport aux catégories du certain, du probable…

2) la *force illocutoire* affectée aux énoncés (cf. *supra* p. 10).

Dès lors on comprend qu'il y ait un lien étroit entre l'interprétation de la valeur illocutoire-modale d'un énoncé au futur et le fait que celui-ci ait pour sujet *je, tu* ou une non-personne. Cela vaut *a priori* pour le FP comme pour le FS, mais après ce qui a été dit *supra* des relations entre ces deux « temps » il est compréhensible que ces valeurs se dessinent plus nettement avec le FS. Pour chaque rubrique nous citerons des emplois particulièrement significatifs, sans prétendre à l'exhaustivité :

• La combinaison *Je + futur* est très souvent interprétable comme un acte de *promesse ;* cela n'est pas étonnant : si un énonciateur fait part à quelqu'un de son intention d'accomplir tel acte ce peut très bien être pour se contraindre par là à l'accomplir, dans la mesure où il sait que son interlocuteur est intéressé à la réalisation de cet acte. Autrement dit, le locuteur n'informe pas seulement de son intention, il se met dans l'*obligation* morale de l'effectuer. Dire quand on est homme politique « Je défendrai le pouvoir d'achat des travailleurs », c'est avant tout prendre un engagement et non informer autrui des actes futurs d'un individu qui se trouve être soi-même.

• *Tu* associé à un futur est ordinairement compris comme un *ordre*, parfois comme une *prédiction.* Cela découle de la structure même des relations entre énonciateur et allocutaire : la possibilité de dire à quelqu'un « tu feras telle chose » renvoie soit à un *pouvoir* (ordre) soit à un *savoir* (prédiction) de l'énonciateur. En effet, le *Tu + futur* est pertinent si c'est le fait même de l'énoncer qui oblige autrui à l'accomplir (c'est-à-dire si l'énonciateur a le pouvoir d'ordonner) ou si l'énonciateur possède un savoir qui lui permet de connaître à l'avance les comportements de l'interlocuteur. Dans les deux cas une modalité de *nécessité* est implicite.

• L'association d'une non-personne et d'un futur reçoit en général trois types d'interprétation modale : nécessité, probabilité, possibilité parfois. Cela entraîne des risques d'ambiguïté en l'absence d'un contexte suffisamment sélectif ; cette ambiguïté ne fait d'ailleurs que répercuter celle du verbe *devoir,* qui exprime tantôt la nécessité, tantôt la probabilité.

La nécessité peut être selon les cas le fait d'une prédiction ou d'un ordre : *Paul sera décapité* sera un ordre dans la bouche d'un juge et une prédiction dans celle de quelque personne compétente à qui on aura demandé son opinion. Ici encore il s'agit d'un *savoir* ou d'un *pouvoir :* un énonciateur connaît (ou plus exactement fait comme s'il connaissait) parfaitement le destin d'une non-personne parce qu'il en dispose (pouvoir) ou détient un savoir (fondé sur l'expérience, l'astrologie, des renseignements, etc.).

Exprimée par les formes du futur simple, la modalité du probable n'a pas valeur déictique d'un futur mais d'un *présent;* dire *Paul gagnera autant à la fin du mois* c'est situer un fait postérieur au moment d'énonciation ; dire, en revanche, *A l'heure actuelle Paul gagnera autant, je pense* (probabilité), c'est exprimer un fait présent, synonyme de *Paul doit gagner...* Le futur antérieur est plus souvent utilisé que le futur simple pour marquer cette probabilité, mais c'est pour référer à un procès accompli au moment de l'énonciation : *Paul aura pris le train* (= en ce moment il doit avoir pris...).

La modalité du possible peut également être exprimée par le futur, quoiqu'il s'agisse là d'une modalité nettement moins fréquemment usitée que les deux autres. Ainsi dans cet énoncé :

> « L'apparition de ce phénomène obéit à des lois mal connues : on l'*observera* de multiples fois pendant un mois et on ne le *verra* plus pendant deux ans. »

où les verbes doivent être interprétés comme *peut + Infinitif.*

En associant ainsi personnes et interprétations des formes du futur nous ne faisons que rendre compte de tendances, que le contexte permet d'actualiser ou non. Rien n'empêche *Je partirai* de constituer une menace et non une promesse, *Tu iras* d'être une constatation et non un ordre, etc. Rien n'empêche non plus *Je reviendrai* de constituer une prédiction ou *Paul chassera* une promesse, avec des contextes appropriés.

— Le futur antérieur de « bilan »

Il faut accorder une place à part à un emploi très remarquable du futur antérieur où ce dernier est affecté d'une *valeur déictique de « temps » du passé* utilisé à toutes les personnes ; il s'agit de ce qu'on pourrait appeler un « futur antérieur de bilan », le plus souvent accompagné d'éléments adverbiaux tels *finalement, tout compte fait,* etc. :

> « Hénin n'*aura, en définitive,* pas *pesé* plus lourd qu'Épernay. Creil, décidément en plein boom a sauté ce nouvel obstacle avec la même aisance que le précédent. »

(Reportage sportif du *Courrier Picard.*)

mais parfois sans adverbe, l'interprétation correcte étant assurée par le contexte :

> « Dans la seule année 1978 16 milliards de dollars *auront été investis* à l'étranger par l'industrie japonaise. Des consortiums industriels et financiers se sont constitués pour développer cette forme d'investissements... »
>
> (*Le Matin,* 11-6-79.)

Comme on le voit, ce sont des formes commutant avec des passés composés ; leur explication n'est pas aisée. Tout semble se passer comme si l'énonciateur construisait un moment d'énonciation fictif dans le passé et, à partir de là, fixait un procès postérieur, mais encore antérieur au moment d'énonciation effectif :

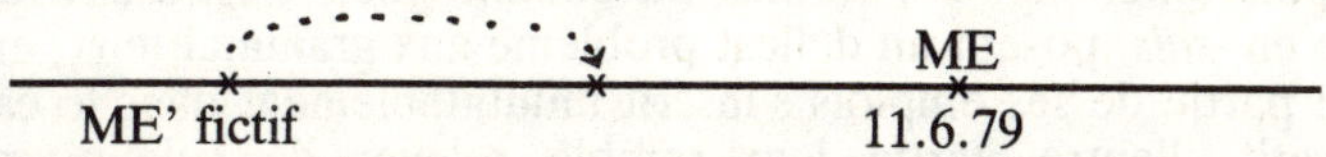

À l'assertion de cette forme est liée une modalité de certitude ; on comprend que ce « futur antérieur de bilan » soit associé à des éléments tels *finalement, en définitive, en fin de compte,* etc., qui indiquent que l'énonciateur a atteint la limite (la « fin ») au-delà des calculs incertains, des doutes, une fois l'année écoulée, le match terminé, etc.

S'il est vrai que ce futur antérieur commute avec un passé composé, cette commutation toutefois a une incidence sémantique ; en disant, dans le premier exemple, *Hénin n'a pas pesé plus lourd...* l'énonciateur se contenterait de rapporter un fait. En revanche, lorsqu'il dit *Hénin n'aura pas pesé plus lourd...* il rapporte un fait tout en présupposant qu'on s'attendait plutôt à ce qu'il arrive le contraire (= qu'Hénin serait difficile à vaincre). De même, le second exemple est extrait d'un article qui tend à montrer que, contrairement à une idée reçue, le Japon ne vit pas en autarcie économique.

CHAPITRE 7 : LE CONDITIONNEL

Depuis longtemps les formes du conditionnel, c'est-à-dire le paradigme en *-rais,* posent un délicat problème aux grammairiens ; en effet, si une partie de ses emplois s'inscrit indubitablement dans le cadre de l'indicatif, l'autre partie leur semble relever de valeurs modales spécifiques qui les conduit à se demander s'il ne faut pas y voir un « mode » à part entière. On rencontre ainsi dans la littérature linguistique deux attitudes : celle qui pose l'existence d'un « mode conditionnel », et celle, plus récente, qui n'y voit qu'un des « temps » de l'indicatif. Ce problème, on s'en doute, n'est pas simple, et dans le cadre élémentaire de cet ouvrage il nous est impossible d'entrer réellement dans ce débat. Nous adopterons le point de vue de la plupart des linguistes contemporains, qui rattachent le conditionnel à l'indicatif (considérant en particulier qu'il partage les mêmes contextes d'emploi et s'y intègre morphologiquement) et le rapprochent du « futur » pour les opposer tous deux aux « temps » du certain, ceux du présent et du passé.

Cependant, à l'intérieur de notre exposé nous opérerons la distinction habituelle entre les emplois à valeur modale spécifique et les autres. Il faut reconnaître que l'étiquette « conditionnel » n'est pas heureuse dans la mesure où elle ne recouvre qu'une part très limitée des emplois de ce paradigme ; aussi, ne l'utiliserons-nous ici que par commodité, avec le seul sens de « formes en *-rais* ».

1. LE PREMIER TYPE D'EMPLOIS

— Considérations morphologiques

Si on analyse le système morphologique de l'indicatif en excluant le PS (c'est-à-dire en s'en tenant au *discours*), on s'aperçoit qu'il présente une structure rigoureusement symétrique pour les « temps » simples, structure à laquelle s'intègre parfaitement le conditionnel :

— Le présent, en général, n'est pas marqué phonétiquement, sauf dans le cas des verbes très irréguliers ;

— L'imparfait est marqué par /ɛ/ ;

— Le futur simple est marqué par l'affixe /R/ suivie de /ɛ/, /a/, /a/, /ɔ̃/, /e/, /ɔ̃/, suite qui coïncide avec la conjugaison du présent d'*avoir* (cf. *supra* p. 76). Comme l'affixe /R/ constitue la marque de l'infinitif, le futur simple apparaît donc comme la combinaison de la marque de l'infinitif et d'un paradigme flexionnel de présent ;

— De la même manière le conditionnel combine /R/ et la marque de l'imparfait /ɛ/.

On peut donc résumer ainsi ce système :

$$\text{Radical verbal} + (\text{Infinitif}) + \left\{ \begin{array}{l} \text{Présent} \\ \text{Imparfait} \end{array} \right\}$$

où « Infinitif » est facultatif.

Le futur périphrastique s'intègre d'ailleurs bien à ce système : non seulement, comme on l'a vu, il constitue morphologiquement un futur mais encore *aller* + Inf. ne se conjugue précisément qu'au présent et à l'imparfait suivis du verbe à l'infinitif.

— Futur et repère passé

• Tout cela laisse clairement apparaître une homologie entre présent et imparfait d'une part, futur simple et conditionnel d'autre part ; cette homologie fonctionne de manière évidente dans le système hypothétique :

Si tu **viens,** *je* **partirai**
Si tu **venais,** *je* **partirais**

ainsi que dans le concordance des « temps » du discours indirect :

*Il a avoué : « j'***aime** *ça »* ⇒ *Il a avoué qu'il* **aimait** *ça*
*Il a avoué : « j'***aimerai** *ça »* ⇒ *Il a avoué qu'il* **aimerait** *ça*

Dans ce dernier cas on voit bien que le conditionnel se substitue au futur simple pour marquer la postériorité à un repère passé ; la formule « futur dans le passé » n'est toutefois guère pertinente ici car il s'agit de tout autre chose qu'un véritable futur.

Ce phénomène de transposition des « temps » vaut aussi bien pour les autres formes du futur :

J'ai dit : « Il { **doit partir** / **va partir** / **part** } *demain* ⇒ *J'ai dit qu'il* { **devait partir** / **allait partir** / **partait** }

On notera par ailleurs que ce double rapport présent/imparfait et futur/conditionnel permet de mettre en valeur encore une fois l'isolement du passé simple dans l'indicatif ; on constate en effet qu'il n'existe pas de « temps » simple qui soit au passé simple ce que l'imparfait est au présent et le conditionnel au futur :

Il a dit : « César **fut** *un grand homme »*
⇒ *Il a dit que César* **avait été** *un grand homme*

Comme on le voit, le domaine privilégié de cette corrélation entre futur simple et conditionnel, c'est le **discours rapporté,** qu'il s'agisse de discours indirect ou de discours indirect libre. Dans le discours indirect les embrayeurs des propos rapportés perdent en effet leur statut et, parmi eux, la valeur déictique « futur », qui suppose une référence directe à la situation d'énonciation et se trouve ainsi remplacée par un conditionnel (cf. *infra* p. 105).

• Le conditionnel peut également jouer parfois le rôle d'un **prospectif ;** on se souvient que ce pseudo-futur du *récit* permet au narrateur d'anticiper la suite des événements sans recourir à un véritable futur, lequel impliquerait une irruption du *discours,* de la subjectivité de l'énonciateur dans le *récit.* On a vu que ce prospectif se traduisait en général par *allait/devait* + V à l'infinitif ; le recours au conditionnel n'est dès lors que très logique puisque *devait manger, allait manger, mangerait* transposent tous trois au même titre des futurs quand le repère devient passé :

> « Le troisième week-end du trimestre *allait se dérouler* selon l'usage : de nombreux parents sortaient leur progéniture, et, de ce fait, l'école *serait* presque déserte »
> (A. Christie : *Le Chat et les pigeons,* tr. fr. J. Brunoy, Librairie des Champs-Élysées, p. 127.)

2. VALEURS MODALES SPÉCIFIQUES

— A l'intérieur de l'indicatif

Considérons d'un côté la phrase (1) *Paul se plairait à la campagne* et, d'un autre, celles-ci, réparties sur divers axes temporels :

(2) *Paul s'est plu à la campagne*
(3) *Paul se plaît à la campagne*
(4) *Paul se plaira à la campagne*

(2) - (3) - (4) supposent toutes une modalité de certitude chez l'énonciateur (même si en (4) la réalisation n'est pas assurée). En revanche (1) ne pose pas l'existence d'un fait et considère « Paul-se plaire-à la campagne » comme quelque chose de fictif, une projection imaginaire indépendante de toute validation dans le réel ; plus exactement, l'énonciateur fait comme si le procès en question était actualisé dans un univers de visées fictives construit à partir de la situation d'énonciation présente. En un sens on peut dire que le conditionnel actualise au même degré que les autres « temps » de l'indicatif, il lie directement l'énoncé à la situation d'énonciation, mais cette actualisation n'est que feinte.

Comme incitait à le penser la présence de l'affixe -R- commun au futur et au conditionnel, il existe une forte affinité entre ces deux ensembles : tous deux visent des faits non-réalisés, à la différence du groupe que forment le présent et les « temps » du passé, les formes du certain. Le conditionnel, au lieu d'asserter comme le futur qu'un fait est probable ou sera validé dans l'avenir, considère qu'il peut se réaliser aussi bien que ne pas se réaliser, suspendant toute contradiction entre ces deux possibilités.

— Divers emplois

L'énonciateur se trouve donc à même d'*envisager* tout ce qu'il veut puisque par le conditionnel il peut asserter un fait indépendamment de toute réalisation. Cela suppose des contextes particuliers ; par exemple :

- *Un univers ludique :* « Tu serais le voleur et moi je t'arrêterais », univers qui n'existe que le temps d'un jeu.

- *Un monde rêvé :* « J'aurais un costume à la mode, nous fréquenterions les endroits élégants... »

- *Une hypothèse :* « Tu serais ici, ça irait mieux » ; l'énoncé *tu serais ici* pose une situation imaginaire, fictive, qui sert de repère à une conséquence également imaginaire.

- *Une possibilité envisagée :* « Avec ton argent tu achèterais une auto et tu irais voir les clients après ton travail... »

- *Un souhait :* immédiatement réalisable (« Je ferais volontiers une promenade ») ou non (« Paul ferait construire, lui, mais il n'est pas seul dans cette affaire »). etc.

Il peut s'agir aussi bien de faits fictifs qui sont posés dans le passé ; dans ce cas c'est le « conditionnel passé » (= la forme composée) qui est utilisé. Évidemment, les énoncés au conditionnel sont alors liés à des procès définitivement **irréalisables.** Ce conditionnel « composé » ne doit pas être confondu avec l'accompli (cf. « Dès que tu aurais fini, tu sortirais »). Il existe également une forme surcomposée, marquant l'antérieur d'un accompli en subordonnée *(Dès que tu aurais eu mangé, tu aurais pu commencer)* ou un procès rapide *(Il aurait eu vite compris de quoi il retournait).*

3. L'ATTÉNUATION

On a vu (cf. *supra* p. 71) que l'acte de prise de parole lié à une demande provoquait souvent un phénomène d'euphémisation opéré grâce à un décalage temporel (utilisation de l'imparfait) qui produit une désactualisation. Cette désactualisation peut également se faire sur le plan modal par le recours au condionnel, qui modifie la prise en charge de son énoncé par l'énonciateur : dire *Je voudrais* au lieu de *Je veux* produit de ce fait un effet d' « irréel ». Les deux mécanismes (décalage temporel et mise au conditionnel) peuvent même s'associer : *J'aurais voulu vous demander...*

En fait, il faut également tenir compte de la structure syntaxique de ces énoncés dans lesquels figurent les conditionnels d'atténuation. Quand il s'agit de demandes (comme c'est le plus souvent le cas) on notera qu'au lieu de déclencher des structures impératives elles passent en réalité par des questions ou des assertions. En particulier :

(1) *Pourriez-vous y aller ?*
Voudriez-vous y aller ?
(2) *Ne voudrais-tu pas y aller ?*
Ne pourrais-tu pas y aller ?
(3) *Est-ce que ça te gênerait de... ?*
(4) *Accepterais-tu de... ?*
(5) *Tu pourrais y aller au lieu de...*
(6) *Je voudrais que tu...*
(7) *J'aimerais que tu...*
(8) *Je te serais reconnaissant de...*
(9) *Ce serait gentil de...*
etc.

En d'autres termes, ce ne sont pas là de vrais actes illocutoires d'interrogation ou d'assertion, mais des actes illocutoires de demande déguisés ; cependant l'allocutaire « dérive » sans peine la demande de la question ou de l'assertion. On a affaire ici à un « acte de langage indirect », selon les termes de J.-R. Searle. Il est alors possible de faire l'hypothèse que bien souvent le conditionnel ne sert pas tant à euphémiser qu'à indiquer à l'allocutaire qu'il doit opérer une dérivation illocutoire pour interpréter l'énoncé comme une demande (cf. l'art d'A.-M. Diller in bibl.).

On constate effectivement que la plupart des énoncés du corpus changent de sens une fois mis au présent. Par exemple *J'aime que tu m'achètes du pain* présuppose que l'allocutaire a acheté du pain au moins une fois ; en outre, c'est là une assertion et non une demande indirecte. En revanche (7) ne présuppose rien de tel et ne peut guère être interprété que comme une demande. On pourrait faire des remarques comparables par exemple pour (3) ou (4). À un degré moindre des énoncés tels (1) sont ambigus une fois au présent : vraies questions ou demandes indirectes ? Au conditionnel le récepteur aurait été nécessairement conduit à la dernière interprétation.

On est en droit de se demander si le conditionnel relève du *discours* ou du *récit*. En fait il se rencontre dans les deux registres : le *récit* l'utilise pour le prospectif et le discours indirect aux formes simples et composées ; pour le reste on ne le trouve qu'à la forme composée (cf. *Il aurait volontier continué, mais son entourage l'en dissuada*). C'est donc le *discours* qui en fait l'usage de loin le plus abondant : la projection imaginaire se réalise à partir du présent du sujet énonciateur.

N.B. Sur d'autres emplois du conditionnel, voir *infra* le chapitre III, 3.

CHAPITRE 8 : « TEMPS » ET TEXTUALITÉ

Les « temps », outre leur fonction déictique et les diverses opérations énonciatives qu'ils peuvent supporter, jouent très souvent un rôle important dans la structuration des textes, par la position qu'ils y occupent, par leur répétition comme par leurs changements. On a déjà pu prendre la mesure de ce phénomène avec un procédé aussi important que la « mise en relief », qui répartit le premier plan et l'arrière-plan à des fins d'étagement textuel.

— Répétitions et changements

Les « temps » possèdent *a priori* une fonction décisive dans le réseau des relations interphrastiques qui assurent la **cohérence** d'une unité textuelle. En effet, l'immense majorité des phrases contient au moins une forme verbale affectée d'une marque de « temps » nettement perceptible. Selon que ces « temps » auront tendance à se répéter tout au long d'un texte ou, au contraire, à changer continuellement, les textes apparaîtront plus ou moins homogènes, tout changement de « temps » étant nécessairement reçu comme une rupture dont l'incidence peut être extrêmement variable. On comprendra aisément qu'un texte qui ne comporterait pas une proportion suffisante de répétitions de ces « temps », non seulement serait difficilement compréhensible mais encore risquerait d'être incohérent ; il convient toutefois de moduler cette affirmation en fonction des types de discours envisagés : un texte oral supportera plus de variations de « temps » qu'un texte écrit, un texte littéraire peut se fixer sur les cas extrêmes (répétition indéfinie de la même marque ou changements continuels), etc.

Ces changements peuvent être de divers types et cette diversité a une incidence sur la gravité de la rupture ainsi provoquée :

— Il peut s'agir d'un passage du *discours* au *récit,* ou du *récit* au *discours*. Ce phénomène est en général nettement perçu par le récepteur.

— Ce peut être un changement d'axe temporel : passage d'un « temps » du présent à un « temps » du passé ou du futur, et ainsi de suite. Ceci ne concerne évidemment que les « temps » du *discours*.

— Il peut enfin y avoir changement de « temps » à l'intérieur du même axe temporel : glissement d'un futur simple à un futur périphrastique, d'un passé simple à un imparfait, etc. Dans ce dernier cas on retrouve l'opposition entre premier plan et arrière-plan. Dans une narration qui recourt systématiquement à cette « mise en relief », les « temps » ont tendance à s'organiser en séries homogènes de formes du premier plan ou de l'arrière-plan ; la complémentarité qui existe entre ces séries suppose des changements constants de plan et c'est cela qui, on l'a vu, permet de déterminer les limites de micro-unités narratives. Ainsi, dans le fragment de *L'assommoir* cité *supra* (p. 67) on trouve 18 transitions d'un « temps » à un autre ; 14 sont « homogènes », c'est-à-dire font passer d'un « temps » à un « temps » identique (11 fois Imparfait → Imparfait, puis 1 fois PS → PS et 2 fois Imparfait → Imparfait) et 4 sont « hétérogènes », font passer d'un « temps » à un autre. Ce texte change donc de plan narratif à quatre reprises mais repose sur de larges phases de stabilité.

— Diversité des facteurs

Si, dans le cas de la « mise en relief », l'explication des transitions d'un « temps » à un « temps » différent ne fait pas difficulté, bien souvent il faut recourir à des critères explicatifs assez diversifiés pour en rendre compte ; certains sont liés à la relation de l'énonciateur à son énoncé, d'autres à l'engendrement du texte, mais ces deux aspects s'interpénètrent profondément parfois. Considérons quelques exemples :

• *Relevant de l'énonciateur*

— Le passage à un « temps » différent peut servir à marquer la distinction entre la narration proprement dite et le commentaire de l'énonciateur sur les événements. C'est là une conséquence évidente de l'opposition entre *discours* et *récit :*

> « Vanves-Liancourt : 16-22.
>
> Les Liancourtois *ont remporté* à Vanves une victoire précieuse qui leur *permet* de rester placés dans la course, à la septième place.
> Le match *débuta* rapidement sous l'impulsion des joueurs de Vanves. A leur habitude, ils *imprimèrent*... »
>
> (*Courrier Picard,* 6-2-78.)

Dans ce début de reportage sportif, on voit clairement la différence qui s'établit entre les commentaires du journaliste au PC et la narration proprement dite au PS. Le commentaire coïncide avec le début de l'article, comme c'est le cas le plus souvent dans ce type de textes ; ici il y a donc convergence des impératifs textuels et énonciatifs.

— Le changement de « temps » peut également être lié à un *jugement de valeur* de la part de l'énonciateur : les actes des protagonistes méliorés seront rapportés à un « temps » et ceux des protagonistes rejetés à un autre. Ainsi une étude des biographies du Larousse en 10 volumes (Lettres A à L) réalisée sous la direction de D. Leeman, a montré que la répartition du PC et du PS n'y était pas aléatoire mais obéissait à une modalisation d'ordre politique : au PS les actes des personnages marqués « à gauche », au PC ceux des personnages marqués « à droite ». La distance entre énoncé et énonciateur que suppose le PS est donc exploitée de manière à provoquer un rejet inconscient (sur ce point voir mon *Initiation aux méthodes de l'analyse du discours*, Hachette, p. 106).

• *Relevant de l'engendrement du texte*

Un texte se laisse analyser en plusieurs unités successives ; cela se fait de manière très variable selon les corpus considérés : il peut s'agir d'un découpage en introduction/développement/conclusion, d'un découpage en deux mi-temps dans un reportage sportif, de la présentation de points de vue successifs, etc. A côté de découpages très généraux, il en est une grande diversité d'autres, spécifiques de textes ou de types de textes bien définis. Or chacune de ces scansions peut se trouver marquée par un changement de « temps » qui n'a pas d'autre fonction que de constituer une sorte de signe démarcatif textuel.

— De cela la littérature narrative offre un exemple net avec le célèbre « imparfait de conclusion », une forme de l'imparfait consécutif que Maupassant, en particulier, utilise dans un certain nombre de ses nouvelles. C'est un imparfait perfectif qui fait suite à des PS et dont la justification passe par la prise en compte de la *position* qu'il occupe dans le récit : il marque que la phrase à laquelle il appartient constitue la *conclusion* de ce récit. Ainsi la nouvelle *La Main d'écorché* s'achève sur cette phrase :

> « Le lendemain tout était fini et je *reprenais* la route de Paris après avoir laissé cinquante francs au vieux curé pour dire des messes pour le repos de l'âme de celui dont nous avions ainsi troublé la sépulture. »

— Dans ce très bref article de *L'équipe* (26-2-79)

> « Grenoble plus solide
> Grenoble bat Cahors 13-3
> Grenoble *a construit* sa victoire au niveau des avants. Cahors *souffrit* notamment en mêlée fermée où la résistance opposée aux Alpins était insuffisante. »

le passage du PC au PS ne repose pas sur le couple *discours/récit* mais sur le besoin de marquer la présentation successive des deux adversaires.

— Dans cet autre article, qui relève du *récit,* on se rend compte que le recours à l'explication par la « mise en relief » ne permet pas de justifier les relations entre imparfait et passé simple :

> « Hans Boeckler, premier président de l'Union, élu en 1949, mourut en 1951, à l'âge de 76 ans. Franconien, fils d'un petit artisan, il quitta l'école communale pour apprendre le métier d'orfèvre. Agé de 20 ans, il adhéra au SPD et fut presque aussitôt élu au parlement municipal de la ville de Furth. Par la suite, il joua un rôle important dans le mouvement syndical en Sarre et en Silésie. En 1920 il arrivait à Cologne, et sept ans plus tard, il était élu président du syndicat du district de Rhénanie-Westphalie, ce qui lui donnait un rôle de premier plan au sein de l' « Union générale des syndicats allemands ». En 1928 il entrait au Reichstag, où il siégeait avec les députés sociaux-démocrates. Il fut l'un des premiers parlementaires arrêtés par les nationaux-socialistes, après la prise du pouvoir par Hitler. Relâché, il ne cessa de s'opposer au régime et retourna plus d'une fois en prison. »
>
> (*Le Spectacle du monde,* janvier 1974.)

La succession des « temps » permet de déterminer trois phases :

— *mourut, quitta, adhéra, fut élu, joua*
— *arrivait, était élu, donnait, entrait, siégeait*
— *fut, cessa, retourna*

Les imparfaits relèvent à l'évidence du « premier plan » comme les PS, avec lesquels ils commutent sans difficulté. La séquence d'imparfaits semble correspondre à une étape de cette biographie politique, celle où le personnage acquiert une dimension nationale. Le retour au PS est lié à une rupture dans cette carrière ascendante : l'arrivée au pouvoir des nazis. C'est donc l'engendrement du texte qui justifie les changements de « temps » à l'intérieur de ce fragment.

Ces quelques facteurs ne constituent pas une liste exhaustive ; dans la mesure où tout texte ou type de texte présente une organisation originale, il est vain de penser prévoir tout ce qui peut contribuer à provoquer ces changements de « temps ».

INDICATIONS BIBLIOGRAPHIQUES

Dans ce domaine la bibliographie est immense, dispersée dans de multiples revues et souvent relativement ancienne ; aussi ne pouvons-nous de toute façon faire que des suggestions très limitées. Comme il s'agit d'une problématique en pleine mutation actuellement toute bibliographie est inévitablement vouée à être rapidement vieillie. A côté de textes récents (I) nous citons des ouvrages de référence plus traditionnels (II).

— I) La distinction entre *discours* et *récit* est développée par Benveniste dans ses *Problèmes de linguistique générale* (Gallimard, 1966) au chap. XIX : « Les relations de temps dans le verbe français ». La théorie concurrente de H. Weinrich (*Le temps,* Seuil, 1973) a suscité divers articles intéressants, entre autres :

— J.-M. Adam : « La mise en relief dans le discours narratif (*Le français moderne,* n° 4, 1976).

— J. Simonin-Grumbach : « Linguistique textuelle et étude des textes littéraires » (*Pratiques,* n° 13, 1977). De cet auteur citons également un long article qui approfondit les positions de Benveniste : « Pour une typologie des discours » (in *Langue, discours, société,* Seuil, 1975, recueil d'articles dirigé par J. Kristeva *et al.*).

Sur le futur on consultera l'article de J-J. Franckel : « Futur "simple" et futur "proche" » (*le Français dans le monde,* janvier 1984)

Pour une approche transformationnelle de la morphologie de l'indicatif, voir le chap. 4 des *Éléments de grammaire générative. Applications au français* de L. Picabia (A. Colin, 1975).

Les rapports entre conditionnel et valeur illocutoire font l'objet d'un article d'A.-M. Diller : « Le conditionnel, marqueur de dérivation illocutoire » (*Semantikos,* 2-1, 1977).

C. Fuchs dans un article très dense aborde le problème des relations entre aspect et transitivité : « Système verbal et opérations d'énonciation » (*Le français dans le monde,* n° 129, 1977). sur l'aspect voir aussi de C. Fuchs et A-M Léonard *Vers une théorie des aspects* (Mouton, 1979)

— II) H. Bonnard : articles de grammaire du *Grand Larousse de la Langue Française* (voir articles « Aspect », « Indicatif », « Présent », etc.).

H. Schogt : *Le système verbal du français contemporain* (Mouton, 1968).

P. Imbs : *L'emploi des temps verbaux en français moderne* (Klincksieck, 1960).

Grammaire Larousse du français contemporain par J.-C. Chevalier *et al.* (Larousse, 1964).

Grammaire du français classique et moderne par R.-L. Wagner et J. Pinchon (Hachette, 1962).

EXERCICES SUR LA DEUXIÈME PARTIE

• *Justifiez l'emploi des diverses formes composées et surcomposées dans les énoncés qui suivent :*

— « Quand je me *suis réveillé,* Marie *était partie.* Elle m'*avait expliqué* qu'elle devait aller chez sa tante. J'*ai pensé* que c'était dimanche et cela m'*a ennuyé :* je n'aime pas le dimanche. Alors je me *suis retourné* dans mon lit, j'*ai cherché* dans le traversin l'odeur de sel que les cheveux de Marie y *avaient laissée.*

(A. Camus, *L'Étranger,* folio, p. 36.)

— Quand il *avait bu,* il sortait seul.
— Il *a eu* vite *pris* sa valise, tu peux me croire.
— Puisque tu *as fini,* va chercher le pain.
— Tu reviendras dès que Paul *aura sonné.*
— L'homme qui *avait* tout *dirigé* tira sa montre.
— A peine l'*eut*-il *vu* qu'il se sauva.
— La nuit était lourde et j'*avais ouvert* la fenêtre quand soudain...
— Je l'*ai vu* vendredi dernier.
— A midi il *eut* tout *remballé* et s'apprêta à partir.

• *Étudiez les « temps » de ces textes en tenant compte simultanément de la distinction* **discours/récit** *et de celle entre* **premier plan** *et* **arrière-plan :**

* « Un moine appelé *Pierre l'Ermite* fit le voyage de Jérusalem ; il revint en France, et il raconta les méchancetés des Turcs. Il alla de village en village et de ville en ville. Il marchait nu-pieds, habillé d'une longue robe à capuchon.

Ceux qui l'entendaient pleuraient et disaient qu'il fallait aller à Jérusalem pour en chasser les Turcs.

Quelque temps après, le pape vint en France. Il passa quelques jours à Clermont en Auvergne. Une grande foule de seigneurs et de pauvres gens accourut pour le voir.

L'image vous représente le pape au moment où il parle à la foule. Il est debout sur une grande estrade. Il tient d'une main la croix ; il étend l'autre main vers la foule. Derrière lui sont assis les évêques. Au fond on aperçoit les montagnes d'Auvergne.

Le pape raconta les misères des chrétiens et les méchancetés des Turcs. Il termina en disant : « Français, vous êtes la plus brave des nations ! C'est vous qui chasserez les Turcs de Jérusalem ! ».

(E. Lavisse, *Histoire de France,* cours élémentaire,
A. Colin, 1939, pp. 44-45.)

* « COUPE DES COUPES : ANDERLECHT LÉGÈREMENT FAVORI

Le stade du Heysel à Bruxelles sera le théâtre, ce soir, de la finale de la Coupe d'Europe des vainqueurs de coupe qui opposera les Anglais de West Ham aux Belges d'Anderlecht.

Anderlecht partira légèrement favori, mais tout le monde connaît la constance et l'ardeur des joueurs britanniques qui savent se surpasser dans les grandes occasions.

Jusqu'à la fin décembre, West Ham côtoya les meilleurs de la première division du championnat d'Angleterre avant de connaître des ennuis causés par plusieurs joueurs blessés. Il perdit pied en championnat dans le même temps qu'il se faisait éliminer de la « Cup ». Dès lors, le club londonien reporta tous ses espoirs sur la Coupe d'Europe. Cela lui réussit puisque le voilà en finale.

West Ham a déjà remporté cette coupe en 1965 contre Munich 60 (2-0). Mais il comptait dans ses rangs de grandes vedettes tel Bobby Moore. Actuellement, c'est une formation de jeunes talents.

Pour arriver en finale West Ham a successivement éliminé Reipas Lahtl (Fin) 2-1 et 3-0, Ararat Erevan (U.R.S.S.) 1-1 et 3-1, La Haye 2-4 et 3-1 et Eintracht Francfort 1-2 et 3-1.

Comme on peut le constater, les « Hammers » ne sont pas tellement redoutables hors de chez eux. Cependant, une finale en un seul match peut changer toutes les données.

Quant au S.C. Anderlechtois, il n'a jamais eu l'occasion de se distinguer en Coupe des Coupes mais à la Coupe des Clubs champions.

Ce sera cependant la deuxième finale européenne du club belge. En 1970 il s'inclinait de peu face à Arsenal en finale de la coupe des villes de foire. »

(*Courrier Picard,* 1976.)

* « Matelot se mit à battre le briquet. Il souffla sur l'amadou. Il avait, au fond de sa barbe blanche, une bouche épaisse aux grosses lèvres un peu luisantes, bien gonflées de sang.

Il alluma sa pipe. Il donna l'amadou à Antonio. Antonio souffla. Il était maigre de menton et tout sec, avec à peine de lèvres.

« Je pense à Junie, dit Antonio.

— C'est d'elle qu'est venue l'inquiétude, dit Matelot. Moi, le temps me passait. Un matin elle m'a touché le genou.

« — Et l'enfant ? elle a dit.

« — L'enfant, j'ai dit, quoi ?

« — Il devrait être ici.

« — Le temps de faire, j'ai dit.

« — Le temps a passé, elle a dit. Elle s'est levée, elle a ouvert la porte, c'était le petit jour.

« — Qu'est-ce que tu crois ? dit Antonio.

« — Je cherche pas à croire, dit Matelot, ce que je sais c'est qu'il a coupé les arbres, fait le radeau et qu'il a dû le flotter.

« — Alors ?

« — Peut-être noyé, je pensais.

Le gué galopait toujours sur place et on entendait ses grosses pattes blanches qui pataugeaient entre les rochers. »

(J. GIONO, *Le Chant du Monde,* folio.)

• *Étude de l'opposition* premier plan/arrière-plan *dans ces textes :*

* « *Fin de la grève à l'université du Maine.* — Les étudiants de l'université du Maine, au Mans, réunis en assemblée générale le 1er mai, ont décidé de cesser la grève commencée avant les vacances de Pâques. Les grévistes s'opposaient aux projets de carte universitaire, craignant qu'ils n'aboutissent à la création d'universités de seconde zone ; ils demandaient le maintien de tous les enseignements existants et la suppression de la réglementation restreignant l'admission des étudiants étrangers. »

(*Le Monde,* 4-5-79, Article de Guy HERZLICH, *Rendre la musique aux enfants.*)

* « Je l'ai invité à passer un week-end chez moi ; j'avais absolument tout arrangé, j'avais été chez le coiffeur, ma maison était toute fleurie, j'avais préparé un petit dîner aux chandelles, enfin tout ce qu'on peut imaginer qu'une femme fait quand elle s'apprête à passer un week-end amoureux avec l'homme de sa vie. Et puis brusquement quand il a débarqué du train on s'est rendu compte que c'était la coupe du monde de foot, et de 3 h de l'après-midi à 2 h du matin, les horaires de télévision avaient été rallongés, j'ai vu à peu près dix heures de foot d'affilée. Je me suis endormie devant la télé, j'ai été réveillée par un hurlement intempestif : on avait marqué un but, il fallait quand même le signaler. Et puis ça s'est détérioré à la suite de ça. Ça a créé chez moi l'horreur, une horreur du football absolument démente, et de tous les sports en général. »

(Extrait d'un interview sur France-Inter.)

* « Le chemin débouchait à cent pas de l'entrée du village, sur une petite route très bien entretenue où Angelo et la jeune femme égayés de matin se lancèrent au trot allongé.

Ils passaient l'un derrière l'autre à cette allure dans un mince couloir entre deux granges quand ils entendirent devant eux des bruits déplaisants mais ils étaient lancés et ils débouchèrent sans pouvoir faire volte-face sur une sorte de placette pleine de soldats et transformée en souricière par des tombereaux braqués en travers de toutes les issues.

La jeune femme était entourée de cinq ou six dragons qui la retenaient et la masquaient complètement.

Angelo ne pensait qu'à se rapprocher de sa compagne dont il ne voyait plus que le petit chapeau. »

(J. GIONO, *Le Hussard sur le toit,* folio, p. 362.)

• *Étudiez l'emploi des diverses formes du futur dans ces extraits de presse :*

* « *La place Occitane de Toulouse sera entièrement réservée aux piétons.* En procédant à l'aménagement de l'îlot Saint-Georges, dans la partie la plus vivante, mais aussi la moins salubre, la municipalité de Toulouse va faire de la place Occitane la plus grande surface piétonne d'Europe.

(...) La place Occitane, conçue dans le style languedocien où la brique aura tout son emploi, va devenir le véritable poumon du vieux quartier Saint-Georges. Les espaces verts, les fontaines, les bassins et les cascades, les boutiques souterraines... seront terminés à la fin de l'année 1976 et un ensemble de trois immeubles (logements et bureaux) recevra ses premiers occupants en 1978. »

(*Le Monde,* 23-1-1976.)

* « M. Jacques Chirac a pris la parole dès l'ouverture des travaux pour dire :
« Certains de nos compagnons se posaient des questions en disant : « Chirac va-t-il rester à la tête du R.P.R. ou au contraire doit-il partir ? Eh bien je vais leur répondre très clairement et qu'ils se rassurent pour certains, qu'ils s'inquiètent pour d'autres, je ne partirai pas. Je ne partirai pas et j'assumerai, cela va de soi, pleinement mes responsabilités de président du R.P.R. et je les assumerai fort de la confiance de nos militants ». »

(*Le Monde,* 22-6-79.)

* « *M. Raymond Barre* doit recevoir à déjeuner, le mercredi 2 mai, à l'hôtel Matignon, en présence de M. Jean-François Poncet, ministre des Affaires étrangères, MM. Couve de Murville (R.P.R.), président de la commission des Affaires étrangères de l'Assemblée nationale, et Jean Foyer (R.P.R.), président de la commission des Lois avec lesquels il s'entretiendra de la proposition de loi déposée par ce dernier, visant à la création de délégations parlementaires pour les Communautés européennes. »

(*Le Monde,* 27-4-79.)

* « Dans les cinq académies pilotes, vingt-cinq conseillers pédagogiques vont être nommés à la rentrée prochaine à raison d'un à trois par département : ils seront choisis parmi les instituteurs volontaires ayant déjà une formation musicale et possédant des qualités d'animateurs. Autant doivent être recrutés chaque année d'ici 1982 ; ils seront chargés de former des instituteurs aux méthodes actives, au chant et à l'animation de chorales, à la pratique de la percussion ou de la flûte à bec... Parallèlement vont être organisées des séries de stages d'une semaine : cette année, deux seront destinés aux conseillers pédagogiques eux-mêmes, les autres aux instituteurs. Un stage plus bref doit réunir aussi dans chaque académie conseillers pédagogiques, inspecteurs départementaux et professeurs d'école normale. »

(*Le Monde,* 24-2-76.)

* (Publicité)
« Champagne !
Pour fêter
le lancement de
sa nouvelle ligne Boulogne-Douvres
Normandy Ferries offrira le champagne
à tous les passagers qui présenteront
cette annonce. »

* « Une société d'équipements industriels
leader de son marché en forte expansion, filiale d'un groupe international recherche

LE RESPONSABLE DE L'UNE DE SES AGENCES EN RÉGION PARISIENNE

Ce cadre de 32 ans minimum aura une expérience confirmée de la vente de biens d'équipements à une clientèle industrielle et commerciale variée.
Responsable d'une équipe jeune, il mettra tout en œuvre pour la faire accéder à un niveau de résultats compatible avec les ambitions de la société dans cette région.
Sa réussite lui vaudra à court terme son accession aux responsabilités de

« CHEF DES VENTES » ».

(*Le Monde,* 4-5-79.)

* « *M. Giscard d'Estaing fera une visite officielle au Rwanda et au Soudan.*

M. Giscard d'Estaing se rendra en visite officielle au Rwanda, du jeudi 17 au samedi 19 mai, à l'invitation du président Juvénal Habyarimana. Le chef de l'État assistera ensuite, à Kigali, à la sixième conférence franco-africaine, les lundi 21 et mardi 22 mai.

Avant de regagner Paris, M. Giscard d'Estaing fera, d'autre part, une visite officielle de travail au Soudan, le mercredi 23 mai. »

(*Le Monde,* 4-5-79.)

• *Faites une analyse précise de cet extrait d'une chronique grammaticale et, s'il y a lieu, faites une critique rigoureuse de ses présupposés et de ses conclusions. Qu'est-ce qu'implique l'existence de ce type de chroniques journalistiques en ce qui concerne le statut social de la langue ?*

« PARLONS FRANÇAIS »
par Jean-Charles Hennebert

Les deux passés

« (...) La troisième question de notre correspondant se rapporte au *passé défini* et au *passé indéfini,* que la susdite instruction de 1910 a baptisés *passé simple* et *passé composé.* Il regrette les anciennes désignations qui marquaient les différences d'emploi de ces deux temps, le passé défini équivalant au prétérit et le passé indéfini au parfait des Anglais. « Il est permis de déplorer, conclut-il, cette décadence de notre langue ».

Il est bien vrai que le passé simple isole une action dans le passé : *Mon père arriva* (il a très bien pu repartir depuis) et que le passé composé marque une action qui se continue d'une manière ou d'une autre dans le présent : *Mon père est arrivé* (et il est toujours là). Usant d'une image géométrique, on peut dire que le passé simple est un point nettement *défini* dans l' « espace » du passé, tandis que le passé composé est une ligne *indéfinie* qui, tracée dans le passé, se prolonge dans le présent.

Mais en fait, le passé composé a perdu beaucoup de ce caractère en se substituant au passé simple dans le langage parlé. Je connais un Méridional qui emploie encore le passé simple dans sa conversation, mais il a plus de quatre-vingts ans et sa postérité ne l'imite pas ! La mesure officielle n'a donc que confirmé un état de fait en adoptant les mots de *simple* et de *composé,* qui distinguent les deux passés, non plus d'après leur sens, mais d'après leur forme. On peut certes déplorer cet appauvrissement de la conjugaison française, mais, comme disent les Anglais, « rien ne sert de pleurer sur le lait répandu... ».

Rappelons à ce sujet que depuis une vingtaine d'années, l'imparfait tend à supplanter le passé simple et le passé composé à la radio, à la télévision et jusque dans la presse écrite, comme le montre cette relation d'un match de football citée naguère : « L'arbitre *accordait* aux visiteurs un penalty sévère que Dillon *transformait.* Martel et Massard *inquiétaient* Ghislain... ». C'est un moyen pratique — et lamentable — d'éviter le passé composé, trop long, et le passé simple, trop difficile !

Pour l'honneur de mes confrères sportifs, ce n'est pas de nos colonnes que cet exemple fut tiré !... »

(*La Voix du Nord,* 8-6-1976.)

TROISIÈME PARTIE
Le discours rapporté

On a facilement tendance à considérer qu'un énoncé se présente toujours comme une séquence « homogène », c'est-à-dire supportée par le même énonciateur dans le cadre de la même situation de communication. En réalité, le discours est constamment traversé par le déjà-dit, et parfois le à-dire ; en ce sens l'énonciateur se trouve rapporter des propos tenus par lui-même ou un autre locuteur dans une autre situation d'énonciation. Cette possibilité toujours présente d'une pluralité des « voix » au sein du même énoncé est une des dimensions fondamentales du discours.

Les problèmes linguistiques soulevés par le fonctionnement du discours rapporté intéressent au premier chef la théorie de l'énonciation : comment une énonciation peut-elle en inclure une autre ? Quelles ressources propose la langue à cet effet ? En général les grammaires traditionnelles se contentent de considérer ces questions sous un angle essentiellement morphologique et syntaxique (cf. la fameuse « concordance des temps ») au lieu d'envisager le discours comme acte d'énonciation spécifique.

Citer un énoncé à l'intérieur d'un autre n'est pas un phénomène simple. En français on reconnaît traditionnellement que la citation peut se réaliser à travers trois « stratégies » distinctes, présentant chacune des traits spécifiques selon le type de relations qui s'instaurent entre **discours citant** (DCt) et **discours cité** (DCé) :

— Le **discours direct** (DD) préserve l'indépendance du DCé à l'égard du DCt ;

— Le **discours indirect** (DI) enlève toute autonomie au DCé et le subordonne à l'acte d'énonciation du DCt ;

— Le **discours indirect libre** (DIL), surtout utilisé dans la langue écrite, et plus particulièrement dans la narration littéraire, associe dans des proportions variables les propriétés du DD et du DI à l'intérieur d'un type d'énonciation original.

Mais les phénomènes de discours rapporté ne se limitent pas à ces trois stratégies ; sans prétendre à l'exhaustivité nous avons pris en compte certaines possibilités offertes par le code écrit ainsi que certains emplois du conditionnel qui relèvent indéniablement de la problématique du discours rapporté. Nous espérons ainsi élargir le cadre beaucoup trop restrictif qui est celui des grammaires traditionnelles.

CHAPITRE 1 :
DISCOURS DIRECT ET DISCOURS INDIRECT

Dans la mesure où le DIL ne fonctionne qu'en exploitant les structures mises en place par le DD et le DI, ce sont ces deux derniers qu'il convient de considérer en premier lieu. Contrairement à une idée répandue, confortée par les traditionnels exercices de « mise du DD au DI », le DI n'est pas le résultat d'une transformation mécanique d'énoncés au DD ; aucune de ces deux stratégies n'est première, il s'agit de deux modes de citation indépendants qui correspondent à deux perspectives complémentaires.

1. CARACTÉRISTIQUES DES DEUX STRATÉGIES

— Le discours direct

Dans le DD les deux actes d'énonciation se trouvent parfaitement disjoints, étant rapportés à leurs situations d'énonciation respectives ; le DCt et le DCé possèdent donc chacun un repérage distinct pour leurs embrayeurs. Cette disjonction est clairement manifestée à l'écrit par la présence de guillemets, qui jouent le rôle d'une frontière intangible entre les deux énonciations. À l'oral c'est le contexte linguistique qui marque cette frontière, éventuellement secondé par un changement net dans la voix lors du passage au DCé. L'énoncé suivant nous montre l'effet de cette coupure entre DCt et Dcé :

> *Jean m'a dit à Lyon il y a huit jours : « Je suis content de partir demain d'ici ».*

— **Discours citant :** Énonciateur = je_1 (*m'*) ; Allocutaire = ?
Déictiques = Passé *(a dit), il y a huit jours*

— **Discours cité :** Énonciateur = je_2 (= Jean) ; Allocutaire = je_1
Déictiques = Présent *(suis), demain, ici*

Ces deux ensembles d'embrayeurs ne coïncident absolument pas : *je, tu, ici,* etc., changent de référent du DCt au DCé. On perçoit sur ce point une différence majeure entre les deux registres : les embrayeurs du DCt sont immédiatement interprétés grâce à la situation d'énonciation tandis que ceux du DCé demeureront « opaques » si le DCt n'explicite pas lui-même ce à quoi ils réfèrent ; ainsi dans notre exemple on ne sait qui est le *je* du DCé que parce que le DCt indique qu'il s'agit de Jean et il en va de même pour *ici* (= Lyon) et *demain* (= il y a sept jours). Que cette explicitation vienne à faire défaut et les embrayeurs du DCé restent ininterprétables.

On dit souvent que le DD rapporte exactement les propos tenus ; sa principale qualité serait donc une fidélité très grande. En fait, il ne faut pas être dupe de l'illusion linguistique ; certes, en vertu d'une loi du discours le rapporteur est censé être sincère et ne pas trahir l'énoncé originel, mais rien ne l'empêche de rapporter des propos sensiblement différents de ceux émis sans qu'on puisse le taxer de mensonge pour autant. Le fragment de DCé peut même être en apparence copie conforme de l'original et se trouver en réalité notablement déformé par l'intonation, une mise en contexte tendancieuse, etc. Quand on y réfléchit, le simple fait de choisir tel ou tel fragment d'un énoncé pour le rapporter constitue déjà une opération aux implications considérables.

Le parti pris du DD de « réifier » en quelque sorte les propos cités, de leur laisser leur autonomie énonciative est finalement ambigu. En effet, cette mise à distance du DCé par le DCt peut avoir des significations très diverses : par moments ce sera un souci de respecter la lettre du DCé, ailleurs ce sera plutôt une volonté de ne pas prendre à son compte un énoncé que l'on rejette ou encore un désir de paraître objectif... Dans ce domaine il n'y a donc rien d'univoque.

De quelque façon que l'on considère le DD, même s'il est d'une très grande fidélité, il demeure du *discours rapporté* et ne saurait constituer du *discours* au sens strict : la plupart du temps les propos cités ne sont pas assumés par leur énonciateur effectif, et même s'il s'agit du même énonciateur la situation d'énonciation est distincte. En outre, les embrayeurs du DCé ne sont pas interprétés par d'autres informations que celles fournies par la « situation d'énoncé » (cf. *supra* p. 31) créée par le DCt.

— Le discours indirect

Dans le cas du DD, l'invariance entre énoncé originel et énoncé rapporté se situait sur le plan de la matérialité linguistique : les deux énoncés étaient censés identiques ; avec le DI l'invariance est au niveau du contenu pensé, de l'interprétation de l'énoncé originel. Il ne s'agit donc pas d'une reproduction mais de la version qu'en donne le rapporteur. Il n'y a plus autonomie syntaxique du DCé à l'égard du DCt, car dans le DI le DCé a le statut d'une simple complétive complément d'objet du verbe de la phrase matrice, c'est-à-dire du verbe du DCt. Il n'y a plus place dès lors que pour un seul acte d'énonciation, celui du DCt ; cela implique que toutes les traces de l'énonciation du DCé (embrayeurs, mais aussi tournures expressives, interrogations, etc.) soient systématiquement effacées au profit de celles du DCt. Ainsi pour *Élisabeth m'a dit que tu étais arrivé hier ici* les embrayeurs *tu, hier, ici* sont rapportés à l'énonciation du rapporteur : le *tu* est le récepteur du DCt, *ici* réfère à l'endroit où se trouve le rapporteur et *hier* au jour précédant le moment d'énonciation du DCt.

Étant par essence « distant » de l'énoncé originel, le DI permet des contractions plus ou moins grandes, ou, plus rarement, des extensions de celui-ci ; rien n'interdit de rapporter avec une seule phrase de DI un énoncé de plusieurs heures. Un énoncé peut être rapporté au DI d'un nombre indéfini de manières différentes selon les désirs de l'énonciateur du DCt ; mais, en prenant ainsi en charge les propos d'autrui le rapporteur donne une certaine image de lui-même, renvoie à ses positions idéologiques, affectives... personnelles. Pour s'en convaincre il suffit, par exemple, de comparer les diverses versions au DI que proposent des journaux politiquement opposés des « mêmes » paroles d'un homme politique.

— Les verbes introducteurs

Par définition les énoncés constituants du discours rapporté doivent être marqués comme tels pour que leur destinataire perçoive leur statut. Ces signes de démarcation ne sont évidemment pas les mêmes pour le DD et pour le DI, à l'écrit et à l'oral ; parmi ces signes il faut accorder une place de premier plan aux verbes introducteurs.

• Dans le cas du **discours direct** écrit, les guillemets (ou le tiret, s'il s'agit d'une réponse) sont le plus souvent renforcés par un verbe introducteur *(dire, parler...)* dans diverses positions : devant le DCé *(Paul dit : « C'est fini »)*, en incise *(« Mon garçon, dit-il, suis-moi »)*, ou postposé *(« C'est fini », dit-il)*. Parfois le contexte linguistique suffit à marquer l'apparition du DD et dispense de verbe introducteur : *Il est entré brusquement : « C'est toi qui l'as frappé ? ». Je n'ai rien dit...* Mais, à l'oral, du fait de l'absence de guillemets, ces verbes sont pratiquement indispensables, souvent associés à une pause, une variation dans le débit, l'intonation... lors du passage du DCt au DCé. La langue populaire utilise abondamment un verbe introducteur figé dans une construction placée en incise ou derrière le DCé : *« qu'il me dit »* (= [kimdi]).

• Le **discours indirect** ne connaît pas de divergence significative entre oral et écrit et ne connaît guère qu'un seul moyen d'introduire le DCé : le verbe introducteur suivi d'une complétive objet. Ces verbes ne sont pas nécessairement les mêmes au DD et au DI ; certes, la majorité d'entre eux sont employés pour les deux types de discours rapporté *(dire, avouer, crier...)*, mais certains ne sont utilisables qu'au DD *(« Enfin », soupira Élise/*Charlotte soupira que...)*, d'autres au DI seulement *(Il l'a informée que Sylvie était là/*Il l'a informée : « Sylvie est là »)*.

Ces verbes sont des **verbes de communication :** par leur sens et leur rôle d'introducteurs du discours rapporté ils indiquent qu'un acte linguistique a été accompli. Mais leur fonction ne se limite pas à cela, car ils apportent divers types d'informations sur l'acte linguistique effectué, informations qui conditionnent directement la manière dont le récepteur interprétera le DCé :

— Certains verbes présupposent la vérité ou la fausseté du DCé qui les suit ; dire par exemple *Pierre a prétendu que tu avais échoué,* c'est présupposer, poser comme une évidence que la complétive est fausse ; *révéler,* au contraire, présuppose la vérité de la complétive.

— Certains situent le discours rapporté dans la chronologie discursive : *répondre, répéter, conclure...*

— Certains explicitent la force illocutoire : *supplier, promettre...*

— Certains inscrivent le discours rapporté dans une typologie : *raconter, démontrer...*

— Certains, enfin, spécifient le mode de réalisation phonique de l'énoncé : *crier, chuchoter...*

On le voit, ces verbes sont autant de moyens efficaces et discrets dont dispose le rapporteur pour imposer une certaine lecture à son destinataire. Seul le verbe *dire* peut être considéré comme « neutre » de ce point de vue.

2. INDÉPENDANCE DE CES DEUX TYPES DE DISCOURS RAPPORTÉ

On réalise maintenant à quel point DD et DI constituent deux stratégies bien distinctes. Nous allons affiner quelque peu cette première approche en montrant sur des faits linguistiques révélateurs qu'il n'est pas possible de passer de l'une à l'autre de façon mécanique (en grammaire générative on dirait qu'on ne peut pas définir de transformation entre ces deux types de structures). En d'autres termes on est incapable de poser l'une comme première et d'en dériver l'autre.

— Du discours direct au discours indirect

Vouloir transformer du DD en DI, c'est se heurter à un certain nombre d'obstacles insurmontables ; en particulier :

— On ne peut mettre au DI un énoncé de DD en langue étrangère : *Il m'a dit : « Soy un soldado »* ⇒ **Il m'a dit que...* En effet, si le DI est un simple complément d'objet direct du verbe introducteur il est incompatible avec la totale autonomie linguistique qu'implique l'appartenance à un autre idiome. Le DD rapporte signifiant et signifié, le DI seulement le signifié ; de là l'impossibilité d'énoncés en langue étrangère.

— Les énoncés comportant des éléments expressifs, les énoncés sans verbe, incomplets, etc., ne peuvent être mis au DI. Tout cela suppose en effet la présence immédiate d'un énonciateur, que le DI au contraire veut effacer pour faire du DCé un contenu de pensée dissocié de tout acte d'énonciation. Si l'on trouve des éléments de ce type au DI ils doivent être rapportés à l'énonciateur du DCt et non à celui du DCé ; ainsi le jugement de valeur qui sous-tend le nom de qualité *cet imbécile* dans *Patrick reconnaît que cet imbécile de Jules l'a trompé* est le fait du rapporteur (ce qui n'exclut cependant pas que l'énonciateur du DCé le partage).

— On sait que toute phrase possède obligatoirement une *modalité d'énonciation* (déclarative, interrogative, impérative) qui contraint le comportement de l'allocutaire à son égard. Si une phrase au DD possède nécessairement une telle modalité, celle-ci n'est pas transposable au DI : **Il m'a dit que pars-tu ?.* C'est là la conséquence évidente du statut du DI : comme il n'est qu'un complément d'objet du verbe il ne saurait posséder d'autre modalité d'énonciation que celle de la phrase dans laquelle il figure ; être affecté d'une modalité d'énonciation propre serait la marque d'un acte d'énonciation autonome. Ce qu'on appelle « interrogative indirecte », et qui relève du DI, n'est interrogatif que par le sens ; cette structure ne constitue pas par elle-même un *acte* d'interrogation.

— Du discours indirect au discours direct

On ne peut pas non plus passer mécaniquement du DI au DD. Cela apparaîtra nettement dans la section suivante quand nous considérerons le problème posé par les embrayeurs mais on peut déjà en prendre la mesure en s'appuyant sur les verbes introducteurs et la distinction des logiciens *de re/de dicto :*

— On a vu qu'il existe des verbes introducteurs du DI qui ne peuvent introduire de DD ; ces fragments au DI ne pourraient donc être mis au DD.

— Les logiciens depuis longtemps établissent une distinction entre l'interprétation *de re* et l'interprétation *de dicto* d'une expression linguistique ; on se rend ainsi compte qu'un énoncé au DI comme *Éric avoue que Sophie lui plaît* est ambigu pour l'allocutaire : s'agit-il de la personne que le rapporteur sait être Sophie, (information qu'Éric peut ne pas détenir) ou Éric a-t-il effectivement prononcé le nom *Sophie ?* Dans le premier cas on a affaire à une interprétation *de re,* qui suppose l'invariance du référent entre énoncé originel et DCé, dans le second cas on a affaire à une interprétation *de dicto,* où ce sont les *mots* eux-mêmes qui sont censés être invariants. Les substitutions que le rapporteur est en droit d'opérer dans l'énoncé originel dépendent de l'auditoire auquel il s'adresse, c'est-à-dire de ce qu'il croit ou sait que celui-ci croit ou sait : il ne remplacera pas, dans notre exemple, *cette fille-là* par *Sophie* s'il sait que son allocutaire ignore à quelle personne renvoie *Sophie.* Dans ces conditions, comment passer du DI au DD ?

3. DISCOURS INDIRECT ET EMBRAYEURS

Le problème qui se pose ici est celui de l'intégration d'un système de repérage relatif à une situation d'énonciation à l'intérieur de celui d'une autre situation d'énonciation, celle du rapporteur du DI. Cette intégration s'accompagne d'une perte d'autonomie énonciative, comme on va le voir.

— Les personnes

Le DCé suppose un énonciateur (E_1) et un allocutaire (E'_1) ; E_1 produit des énoncés contenant des embrayeurs de personne correspondant à E_1 et E'_1 (je_1 et tu_1) ainsi que des non-personnes. De son côté le DCt repose sur un énonciateur (E_2) et un allocutaire (E'_2). Au DI le principe qui permet d'inclure le DCé dans le DCt est simple en ce qui concerne les personnes : E_1 et E'_1 prennent leur valeur par rapport à E_2-E'_2.

a) Un je_1 et/ou un tu_1 distincts de E_2 et E'_2 deviennent des non-personnes ; ainsi (E_2 à E'_2) : *Jean* (E_1) *a dit à Marie* (E'_1) : *je* (je_1) *t'* (tu_1) *aime* correspondrait au DI à *Jean a dit à Marie qu'il* ($je_1 \rightarrow$ non-personne) *l'* ($tu_1 \rightarrow$ non-personne) *aimait.*

b) Un je_1 ou un tu_1 coïncidant avec E_2 deviennent un je_2 ; par exemple (E_2 à E'_2) : *J'* ($je_1 = E_2$) *ai dit à Marie : « je* (= je_1) *t'* (= tu_1) *aime* » correspondrait à *J'ai dit à Marie que je* ($je_1 = je_2$) *l'* ($tu_1 \rightarrow$ non-personne) *aimais.*

c) Un je_1 ou un tu_1 coïncidant avec E'_2 deviennent tu_2 ; (E_2 à E'_2) : *Jean t'* ($tu_1 = E'_2$) *a dit : « Je t'aime »* donnera au DI *Jean t'a dit qu'il* ($je_1 \rightarrow$ non-personne) *t'* ($tu_1 = tu_2$) *aimait.*

De telles règles assurent la domination absolue du DCt puisqu'elles convertissent en non-personne tout embrayeur de personne du DCé qui ne soit pas personne du DCt. Elles sont du même coup la source d'ambiguïtés qui interdisent de remonter du DI au DD ; ainsi, hors contexte, le discours rapporté dans une phrase en apparence élémentaire comme *Paul m'a avoué que sa maison ne lui plaît pas* est passible de quatre lectures distinctes :

ma maison ne me plaît pas
ma maison ne lui plaît pas
sa maison ne me plaît pas
sa maison ne lui plaît pas

— Les déictiques

Pour les déictiques comme pour les personnes deux cas sont à envisager : ou bien les situations d'énonciation du DCt et du DCé sont, au moins partiellement, identiques, ou bien elles sont parfaitement disjointes. Dans le premier cas les déictiques de l'énoncé rapporté peuvent ne pas être modifiés en étant mis au DI, dans le second ils devront subir un changement de statut qui en fera soit des éléments non-déictiques soit de nouveaux déictiques référés à l'énonciateur du DCt.

Soit l'énoncé *Luc sera ici dans une semaine ;* s'il devient du DCé au DI les déictiques *ici* et *dans une semaine* selon les cas auront un traitement différent :

— Si l'énonciateur du DCé se trouve au même endroit que celui du DCé, *ici* reste inchangé et, s'il s'agit du même jour d'énonciation, *dans une semaine* également.

— Si ce n'est pas le cas, *ici* et *dans une semaine* peuvent devenir de nouveaux déictiques : *Serge affirme que Joëlle sera là-haut dans deux jours,* où *ici* → *là-haut* et *dans une semaine* → *dans deux jours.* Ces nouveaux déictiques dépendent du rapporteur et non plus de l'énonciateur originel. Mais ils peuvent aussi bien perdre leur statut de déictiques et se trouver interprétés grâce à des points de repère situés à l'intérieur de l'énoncé (cf. *supra* p. 24 la distinction entre R = ME et R ≠ ME) ; *Joëlle sera ici dans une semaine* pourrait donner par exemple *Serge affirme que Joëlle sera* **dans cette ville-là/là... le lendemain/deux jours après** *ton départ.* Dans ce dernier énoncé *là* ou *le lendemain* sont explicités par le contexte linguistique et non par la situation d'énonciation ; ce *là* ne s'oppose pas en tant que déictique à *ici* mais marque une localisation repérée par rapport à l'énoncé.

— La « concordance des temps »

Les « temps », dans la mesure où ils possèdent une valeur déictique sont également concernés par cette problématique. La célèbre « concordance des temps » qui s'établit au DI entre le verbe de la phrase matrice et celui de la complétive objet doit précisément être liée au statut de totale dépendance énonciative qui est celui du DCé au DI.

Tout énoncé faisant l'objet d'un acte d'énonciation autonome possède une temporalité ancrée sur le moment d'énonciation, qui distribue présent, passé et futur. Dans le DI, le DCé perd sa temporalité propre au profit de celle que lui impose le DCt. C'est ainsi que lorsque le verbe introducteur est au présent celui de la complétive sera au présent, au passé ou au futur selon que le procès du DCé est contemporain, antérieur ou postérieur à ce repère que constitue le présent d'énonciation de ce DCt ; dans *Paul déclare que Jim l'a blessé* le procès *a blessé* est situé avant *déclare.* En revanche, quand le verbe du DCt est à un « temps » du passé il impose des formes en **-ait** au verbe du DCé, marque de la perte d'autonomie déictique de ce dernier : *Il a déclaré (déclara, déclarait) qu'il* **était venu/venait/viendrait.** On voit bien qu'ici ces formes en *-ait* ne constituent pas des « temps » autonomes qui s'opposeraient en tant que formes libres les uns aux autres, comme l'imparfait par exemple au passé simple ; il n'existe plus d'opposition pour les formes simples qu'entre *-ait* et *-rait,* ce qui ne sert qu'à indiquer si le procès du DCé est antérieur-contemporain ou postérieur à celui du verbe introducteur. Ce faisant, le DI provoque des ambiguïtés : un imparfait dans la complétive peut correspondre dans le discours originel aussi bien à un présent qu'à un imparfait ; de la même manière le plus-que-parfait renverra aussi bien à un passé composé qu'à un plus-que-parfait.

Il ne faut cependant pas être dupe de la rigidité apparente de ce mécanisme. Si, par exemple, le DCé se trouve avoir valeur générique il y échappe fréquemment : *Jérémie m'a dit que la baleine* **est** *un* *mammifère;* cela se comprend puisque la validité de ce DCé est indépendante du moment d'énonciation. De même, si le verbe du DCé exprime un fait futur qui reste futur lors de l'énonciation du rapporteur le passage à une forme en *-rait* n'est pas nécessairement opéré : *Il m'a dit l'autre jour qu'il* **viendra** *demain,* mais **Il m'a dit l'autre jour qu'il* **viendrait** *hier.* On peut même dire qu'en règle générale il s'en faut de beaucoup que la langue familière utilise constamment les formes en *-ait* quand cela n'apporte pas de trouble grave dans le repérage temporel par rapport au rapporteur : des énoncés tels *Il m'a raconté qu'il pleut ici* ou *Paul m'a confié que Jacques est venu le voir hier* sont tout à fait normaux ; dans le premier le DCé est au présent parce que le procès est contemporain du moment d'énonciation du DCt, dans le second parce que les deux procès, celui du DCt et celui du DCé, sont antérieurs à l'acte d'énonciation du rapporteur.

4. DISCOURS DIRECT/INDIRECT ET COMMUNICATION ÉCRITE

— Le « résumé avec citations »

Jusqu'ici nous avons le plus souvent fait abstraction de la distinction entre communication *écrite* et communication *orale,* mais cela nous empêche de considérer le discours rapporté dans sa diversité. L'opposition entre DD et DI se trouve être stable à l'oral, de façon à ce que l'allocutaire ne puisse se méprendre sur le statut des propos rapportés ; en revanche, elle perd de son évidence à l'écrit, où l'existence de procédés typographiques de démarcation entre DCt et DCé laisse davantage de liberté au rapporteur. Ce dernier peut en effet aussi bien se contenter de transposer à l'écrit le DD et le DI qu'exploiter les ressources que lui offre la typographie.

Considérons cet extrait de presse :

> « LE QUOTIDIEN DU PEUPLE » REDOUTE
> LA « CORRUPTION BOURGEOISE »
> POUR LES JEUNES EN CONTACT AVEC L'ÉTRANGER
>
> (...) L'oisiveté étant mère de tous les vices, *le Quotidien du peuple* constate le glissement de nombreux jeunes sur la voie de la délinquance et de la criminalité. Cela vient d'une part, dit-il, de ce que *« la lutte des classes n'a pas cessé en Chine »,* d'autre part de l'*« influence corruptrice des idées bourgeoises »,* accentuée par le développement des contacts avec l'étranger. Qu'y faire ? Appliquer la loi, certes, aux *« trublions »* et aux *« meneurs ».* Mais d'abord mettre l'accent sur l'éducation. *« Nous devons laisser nos jeunes affronter la tempête,* écrit le journal, *pour qu'ils*

> *établissent des contacts avec le monde extérieur... Mais cela ne signifie pas qu'il faut leur laisser libre cours dans ce domaine »*. En bref, l'objectif est, grâce à un travail idéologique approprié, d'obtenir des jeunes qu' *« ils luttent consciemment contre la corruption bourgeoise »*. Une politique qui se bornerait à prononcer des interdits ne ferait que provoquer l'hostilité de la jeunesse. De même pour les *« contacts normaux »* entre garçons et filles, qu'on ne saurait prohiber sous prétexte que *« quelques problèmes peuvent se présenter »* (...).
>
> (*Le Monde*, 20-6-79.)

Il s'agit là de toute évidence de discours rapporté ; pourtant, si l'on isole sans difficulté un fragment au DD (« Nous devons laisser... dans ce domaine ») signalé par la typographie (guillemets et italique) et l'existence d'une incise (« écrit le journal »), pour le reste on se trouve devant un type de discours rapporté qui ne relève ni du DD ni du DI, ni même du DIL (cf. *infra* chap. 2), et que l'on conviendra de nommer **résumé avec citations.**

Comment le caractériser ? C'est un résumé d'énoncé qui intègre certains fragments de celui-ci, marqués par les guillemets et l'italique. Si le résumé était *lu* oralement, l'allocutaire serait incapable de séparer la voix du DCt de celle du DCé puisque, à la différence du DD ou du DI, il n'existe pas de signal de démarcation *syntaxique* audible entre eux : par exemple pour la phrase « De même pour les *« contacts normaux »*... » on ne saura pas si les fragments cités ne sont pas *« prohiber »* ou *« quelques problèmes »* ou même s'il y a des citations. Certes, le DCt peut à tout moment marquer ses distances (cf. l'incise *dit-il*) mais ce sont là des fragments localisés et qui n'ont rien d'obligatoire ; en général le rapporteur est censé adopter le point de vue du DCé. Cette objectivité apparente est cependant très relative puisque le choix des citations et leur mise en contexte sont révélateurs des opinions du rapporteur.

En ce qui concerne le statut syntaxique des fragments ainsi cités (indépendamment des DD et DI caractérisés) on constate qu'il est fort variable : un mot (« meneurs »), un groupe nominal (« corruption bourgeoise »), une phrase (« ils luttent... bourgeoise »), etc. En clair, n'importe quelle unité de dimension égale ou supérieure au mot peut ainsi être citée, la seule règle à respecter étant celle de la parfaite intégration syntaxique dans le DCt de manière à ce que l'on ne perçoive aucune démarcation autre que typographique entre DCt et DCé.

— Le mot entre guillemets

Le résumé avec citations, comme la transcription du DD, supposent l'usage de guillemets, doublé éventuellement du passage à l'italique. Mais le rôle des guillemets ne s'arrête pas là ; dans les énoncés écrits on rencontre très fréquemment des fragments mis entre guillemets dont les dimensions n'excèdent pas celles du mot ou du syntagme sans qu'il s'agisse de discours rapporté :

Ce type est un « apache » notoire
Le « background » de cette affaire ne me plaît pas
La « société de consommation » récuse la culture, etc.

Dans le résumé avec citations comme dans le DD la mise entre guillemets (MEG), les guillemets, sont un simple signe démarcatif que le rapporteur est *obligé* d'utiliser pour DCt et DCé, tandis que dans ces exemples la présence de guillemets n'obéit à aucune contrainte technique : c'est l'énonciateur qui choisit d'y recourir ou non. La MEG constitue dès lors le résultat d'un acte de signification ; l'énonciateur veut transmettre un certain contenu, auquel le destinataire doit accéder.

Cette MEG d'ordre essentiellement lexical est polysémique ; elle permet d'introduire un néologisme, un mot d'une langue étrangère, d'un autre niveau de langue, un terme technique, une métaphore, etc. Nous ne nous demanderons pas ici si tous ces emplois correspondent en profondeur à une fonction unique et s'il est possible de les articuler rigoureusement les uns sur les autres, mais nous nous intéresserons exclusivement aux emplois relevant du discours rapporté, c'est-à-dire à ceux par lesquels l'énonciateur met un terme à distance, refuse de l'assumer, en même temps qu'il l'énonce, *parce qu'il l'attribue à la voix d'un autre énonciateur*. Alors que dans le résumé avec citations le rapporteur adoptait le point de vue du DCé et multipliait les citations pour donner la preuve d'une fidélité suffisante à l'énoncé originel, la MEG d'unités lexicales a pour but d'isoler un fragment d'autrui pour l'exclure de son propre point de vue ; par ce procédé l'énonciateur se met en évidence en se séparant de ce qu'il n'est pas, au lieu de s'effacer fictivement derrière son rôle de rapporteur.

Un tel type de MEG pourrait être fort bien explicité par l'adjonction de la proposition figée « comme dit l'autre », où la définition de l' « autre » varie à chaque énoncé et peut renvoyer à des instances discursives très diverses :

— les idées reçues, les clichés dominants : « les idées *« viriles »* qu'on inculque... » dans un discours féministe, par exemple. À chaque fois on pourrait ajouter « comme *on* dit » ;

— le discours de telle ou telle couche sociale, tendance politique, etc. : par exemple « une attitude *« réactionnaire »* évidente... » pour un énoncé de gauche, « une doctrine *« progressiste »* nouvelle... » pour un énoncé de droite ;

— le discours d'une discipline : « je ne sais s'il faut parler de *« libido »* ou de *« refoulement »* dans ce cas... », où la MEG permet à l'énonciateur de se démarquer de la psychanalyse, etc.

L' « autre » varie donc indéfiniment, oscillant entre l'anonymat des lieux communs et le vocabulaire spécifique d'une seule personne : ce peut être n'importe quelle entité susceptible de supporter un discours propre.

Une telle mise à distance du vocabulaire d'autrui ne peut être considérée indépendamment de l'ensemble du contexte dans laquelle elle s'inscrit. Ce qu'un énonciateur assume et ce qu'il rejette comme étranger dépendent de ses positions idéologiques, ou, plus exactement, de l'image qu'il entend en donner à son lecteur à travers le texte. En outre, si cette MEG constitue un signe, destiné en tant que tel à être convenablement déchiffré par ce lecteur, l'énonciateur, consciemment ou non, est dès lors contraint à se construire une certaine image de ses lecteurs pour anticiper leurs capacités de déchiffrement : il mettra des guillemets là où il sait que ceux-ci en attendent (ou n'en attendent pas s'il veut provoquer un choc) et là où il pense qu'ils pourront les interpréter. Il arrive cependant très souvent que le destinataire ne comprenne pas le sens d'une MEG ou se méprenne sur lui. Une *connivence* minimale est donc nécessaire pour assurer le décodage de la MEG, mais par ailleurs tout décodage réussi renforce l'appartenance du lecteur à ce réseau de connivences que les textes établissent.

Cette MEG est un procédé réservé par définition à l'écrit; sa transposition à l'oral est cependant réalisable : elle suppose le recours à un ajout, une incise le plus souvent (« comme dit X ») et/ou à une intonation spécifique isolant le fragment qui à l'écrit aurait des guillemets.

CHAPITRE 2 : LE DISCOURS INDIRECT LIBRE

— Un type d'énonciation spécifique

Le DIL ne se situe pas sur le même plan que le DD ou le DI ; employé surtout dans la langue écrite et en particulier dans la narration littéraire, il constitue une technique élaborée qui combine les moyens propres à ces deux autres formes de discours rapporté. En effet, le DIL se présente à son niveau le plus immédiat comme un procédé censé cumuler les avantages du DD et du DI : traces de l'énonciateur du DCé, à l'instar du DD, et point de vue « extérieur » du rapporteur sur le DCé, comme dans le DI.

En outre, ce qui, entre autres choses, oppose le DIL aux DD et DI, c'est de ne pouvoir être caractérisé comme tel hors contexte ; autrement dit, il n'y a pas de marque linguistique permettant de dire d'un fragment d'énoncé considéré isolément s'il relève ou non du DIL. Il faut donc s'attendre à de nombreux cas d'ambiguïté lorsqu'il s'agira de déterminer avec précision les frontières, voire l'existence de segments de DIL.

Considérons cet extrait de *Germinal* d'É. Zola :

> « Du coup, Étienne s'animait. Comment ! la réflexion serait défendue à l'ouvrier ! Eh ! justement, les choses changeraient bientôt, parce que l'ouvrier réfléchissait à cette heure. » (III, chap. 3.)

Il ne peut s'agir là de DI : on ne trouve pas en particulier de verbe de communication suivi d'une complétive et on note la présence d'énoncés exclamatifs, de *justement* et *à cette heure* qui sont incompatibles avec le DI. Ce ne peut être non plus du DD : outre l'absence de guillemets on constate que *changeraient* et *réfléchissait* obéissent à la concordance des « temps » spécifiques du DI ; ce dernier trait est d'autant plus net que *réfléchissait* se trouve associé à un déictique *(à cette heure)* normalement lié à un présent. On découvre donc dans ce fragment de discours rapporté des traits linguistiques relevant du DI ainsi que d'autres relevant du DD : ce « mélange » est caractéristique du DIL.

Une question se pose alors : à quel énonciateur rapporter le DIL ? Ce ne peut être à l'auteur du DCé originel, comme dans le DD, puisque ce ne sont pas ses propos exacts, ni au rapporteur comme dans le DI, puisque le texte au DIL comporte des traces de l'énonciateur du DCé. Il s'agit donc d'une forme originale d'énonciation des propos d'autrui, qui suppose une dissociation entre le *sujet parlant* et le *sujet de conscience* qui supporte l'énoncé rapporté. Dans le DI, on l'a vu, les embrayeurs et les éléments expressifs étaient nécessairement rattachés au *Je,* implicite ou non de l'énonciateur du DCt ; dans le DD ils étaient rattachés au sujet parlant du DCé. En revanche, dans le DIL embrayeurs et tours expressifs sont supportés par la conscience d'un sujet qui n'est qu'un personnage de narration, et en aucun cas un *Je,* un vrai locuteur. Dans :

> Paul s'accouda au balcon. Quel soulagement ! Aujourd'hui tout était prêt, il allait enfin s'installer. (DIL)

Aujourd'hui, déictique dépendant du présent, se trouve contemporain d'un imparfait imposé par le contexte narratif alors que cette association était impossible au DD ; quant à l'exclamation, elle renvoie à Paul, qui est ici une non-personne.

Comment rendre compte de ce dispositif complexe ? L'hypothèse la plus intéressante est celle de M. Bakhtine, sous le pseudonyme de V.N. Volochino, pour qui dans le DIL « le héros et l'auteur s'expriment conjointement », « dans les limites d'une seule et même construction linguistique on entend résonner les accents de deux voix différentes » (*Le marxisme et la philosophie du langage,* 1929, tr. fr. éd. de Minuit, 1977 ; p. 198). Autrement dit, il faut distinguer deux plans énonciatifs :

– celui du narrateur, qui profère ou écrit le texte dont une partie s'interprète comme du DIL ;

– celui des deux « voix », dont au DIL on entend la *discordance.* Les passages au DIL ne sont attribuables ni au narrateur ni au personnage, on ne peut déterminer exactement ce qui revient à chacun d'eux dans l'énoncé, mais on perçoit leurs « accents » la discordance entre leurs deux énonciations mêlées. C'est ce conflit verbal qui permet au récepteur d'interpréter le fragment comme du DIL.

En dépit de sa complexité il serait faux de restreindre l'emploi du DIL au seul domaine de la narration littéraire. En réalité, la langue parlée en fait aussi usage :

> Il y a un mois, je l'ai rencontré par hasard... *Il était écœuré, rien n'allait dans sa vie, on ne voulait plus lui faire confiance...* Je ne l'ai jamais vu si bas.

Ce sont surtout les moyens intonatifs qui permettent au récepteur de percevoir le passage au discours rapporté.

— Détermination du DIL

Étant donné son statut mixte, le DIL, selon les cas, intègre des proportions variables de traits linguistiques caractéristiques du DD et du DI. Certains textes seront donc plutôt dominés par le DI et d'autres plutôt par le DD. Cependant, comme le DIL ne saurait, par définition, se confondre avec l'une de ces deux techniques, il obéit à quelques contraintes fondamentales destinées à préserver sa spécificité : exclusion de *je* et *tu,* exclusion de la subordination syntaxique. De fait, la présence de *je/tu* ôterait à l'énonciateur du DIL son statut de personnage de narration et lierait le discours rapporté à son énonciateur originel comme dans le DD ; quant à l'absence de subordination, elle est nécessaire pour préserver l'autonomie du DIL à l'égard du DCt.

En réalité, *je* et *tu* ne sont exclus du DIL que s'ils constituent les embrayeurs mêmes utilisés par l'énonciateur du DCé. S'ils réfèrent, comme dans le DI, au rapporteur ou au récepteur du DIL, ils peuvent fort bien figurer ; ainsi dans :

> « Il me sauta dessus : *j*'étais un fils dénaturé, il allait tout raconter... »

le *je* du DIL coïncide avec le *je* du rapporteur. Cet emploi est peu fréquent dans la mesure où la littérature narrative est habituellement supportée par un narrateur invisible qui n'intervient guère dans le déroulement de ce qu'il raconte.

Les quelques lignes de P. Mérimée qui suivent nous offrent un bon exemple de DIL dominé par le DI :

> « En vain il [= le colonel] parla de la sauvagerie du pays et de la difficulté pour une femme d'y voyager : *elle ne craignait rien, elle aimait par-dessus tout voyager à cheval ; elle se faisait une fête de coucher au bivouac.* »
>
> (*Colomba,* Livre de Poche, p. 222.)

Il suffirait en effet d'insérer un verbe introducteur et *que* à la place des deux points (par exemple *elle répondit que...*) puis de répéter ce *que* devant les deux verbes qui suivent pour que l'on ait affaire à du DI. En revanche, dans le texte de Zola cité plus haut on a affaire à un DIL dominé par le DD : comme il n'y a que des non-personnes, seuls les affixes en *-ait* des verbes interdisent à ce fragment de constituer du DD.

C'est dire qu'il est impossible hors contexte d'affirmer d'un énoncé de discours rapporté s'il appartient ou non au DIL par une méthode autre que celle qui consiste à repérer une hétérogénéité dans le texte et à montrer qu'en raison de tels et tels traits linguistiques il ne saurait relever ni du DD ni du DI. On peut *interpréter* tel fragment comme du DIL mais ce dernier n'est pas une forme grammaticale spécifique.

— Les frontières du DIL

L'introduction du DIL est beaucoup plus souple que celle du DI et même que celle du DD. Non seulement il peut être introduit par des verbes qui ne supporteraient ni le DD ni le DI, mais encore il peut n'être introduit par aucun élément nettement marqué ; dans ce cas c'est l'ensemble du contexte linguistique qui permet de repérer la présence de DIL. Il est particulièrement commode pour un auteur de pouvoir, grâce au DIL, glisser sans aucune rupture de la narration des événements à celle des propos ou pensées pour revenir ensuite à la narration des événements. De tels « glissements » sont précieux par exemple pour la description du « courant de conscience » des personnages.

Considérons par exemple cet extrait d'A. Camus où sont mis en italique les fragments au DIL :

> « La chambre était glacée. Janine sentait le froid la gagner en même temps que s'accélérait la fièvre. Elle respirait mal, son sang battait sans la réchauffer ; une sorte de peur grandissait en elle. Elle se retournait, le vieux lit de fer craquait sous son poids. *Non, elle ne voulait pas être malade. Son mari dormait déjà, elle aussi devait dormir, il le fallait.* Les bruits étouffés de la ville parvenaient jusqu'à elle par la meurtrière. Les vieux phonographes des cafés maures nasillaient des airs qu'elle reconnaissait vaguement, et qui lui arrivaient, portés par une rumeur de foule lente. *Il fallait dormir.* Mais elle comptait des tentes noires ; derrière ses paupières passaient des chameaux immobiles ; d'immenses solitudes tournoyaient en elle. *Oui, pourquoi était-elle venue ?* Elle s'endormit sur cette question. *(La Femme adultère.)*

Le romancier passe sans transition à plusieurs reprises du *récit* au DIL ; celui-ci n'est pas repérable par la concordance des « temps » puisque l'ensemble des verbes du texte possède l'affixe *-ait,* mais par la légère rupture que produit le passage à une syntaxe caractéristique de la langue orale : *non, oui,* interrogation directe, phrases courtes, répétitions. Ici, pour repérer le DIL il faut recourir également à une étude fine du texte ; on s'aperçoit ainsi que certains fragments excluent une description de l'extérieur : la modalité logique de *devait* et *fallait* ne peut être le fait du narrateur. Malgré cela il peut subsister des zones de doute quant à l'appartenance d'un fragment au DIL ; c'est le cas pour *son mari dormait déjà,* qu'on ne range dans le discours rapporté que parce qu'il se trouve inséré entre deux fragments appartenant nettement au DIL. De telles zones d'incertitude sont la conséquence immédiate du statut instable du DIL et ne gênent en rien la lecture.

Par rapport au DI, le DIL présente également l'avantage de pouvoir porter sur des unités dépassant largement le cadre de la phrase. Alors que le DI suppose un verbe introducteur pour chaque phrase distincte et la répétition de *que* devant tous les verbes conjugués, le DIL offre la possibilité de construire des unités transphrastiques qui ne soient pas soumises à une lourde armature de dépendances syntaxiques, incompatible avec la spontanéité et la fluidité des sentiments ou des paroles que le texte rapporte.

— Fonctions du DIL

Le DIL constitue une technique relativement complexe, qui suppose de la part du récepteur un décodage attentif et dont la fonction n'est pas stable, même dans le seul cadre de la narration littéraire. Selon les œuvres, les époques, les types de textes concernés, le DIL est utilisé pour répondre à des besoins structuraux très précis et son rôle ne peut être étudié qu'à l'intérieur des cadres textuels dans lesquels il se trouve fonctionner. Il est bien évident que l'emploi du DIL dans les *Fables* de La Fontaine ne vise pas à résoudre les mêmes problèmes techniques que l'usage qu'en fait Flaubert, par exemple, dans *Madame Bovary.* On va s'en rendre compte en considérant rapidement le cas de *L'Assommoir,* de Zola, où les passages au DIL sont particulièrement nombreux.

Pour écrire ce livre le romancier s'est trouvé devant le problème technique suivant : les conventions du roman naturaliste voulaient qu'il prête à ses personnages populaires un langage lui-même populaire, mais en tant qu'artiste il ne voulait pas non plus présenter un matériau brut au DD. Comme il ne pouvait pas être question de recourir continuellement au DI, c'est-à-dire à un discours d'auteur distancié de la réalité du langage populaire, le DIL lui offrait le seul moyen de satisfaire simultanément aux exigences du naturalisme et de l'esthétique. Par ce procédé le romancier donnait la parole au peuple, à sa syntaxe et à son lexique spécifiques tout en les maîtrisant, en les intégrant à l'économie d'une narration efficace et suffisamment concise.

C'est précisément là l'idéal défendu par Zola lui-même dans sa préface au roman :

> « On s'est fâché contre les mots. Mon crime est d'avoir eu la curiosité littéraire de ramasser et de couler dans un moule très travaillé la langue du peuple. »

Le recours au DIL joue un rôle important pour mettre en place un tel équilibre entre le « moule très travaillé » et la « langue du peuple ». Voici un extrait révélateur de la tentative de Zola :

> « Et il [= Coupeau] lâcha des mots crus. *Ce n'était pas lui qu'elle cherchait, les coudes à l'air, la margoulette enfarinée ; c'était son ancien marlou.* Puis, brusquement, il fut pris d'une rage folle contre Lantier. *Ah ! le brigand, ah ! la crapule ! Il fallait que l'un d'eux restât sur le trottoir, vidé comme un lapin.* Cependant, Lantier paraissait ne pas comprendre, mangeait lentement du veau à l'oseille. »
>
> (*L'Assommoir*, Chap. VII.)

Certes, le passage à deux reprises des verbes au passé simple *(lâcha, fut pris)* à des verbes à l'imparfait contribue à rendre perceptible le passage du *récit* au discours rapporté, mais les fragments au DIL se caractérisent avant tout par une syntaxe et un lexique qui s'affichent comme populaires et tranchent sur les fragments supportés par le narrateur.

CHAPITRE 3 :
REPRISE D'ÉNONCÉ ET CONDITIONNEL

Dans ce chapitre nous considérerons quelques emplois du conditionnel qui entrent dans le cadre du discours rapporté, mais de manière bien spécifique. Au-delà de la seule description de ces emplois notre corpus ouvre, en fait, sur une problématique plus générale :

1) Les procédés liés au discours rapporté ne se limitent pas aux types classiques inventoriés et décrits par les grammaires traditionnelles (DD, DI et DIL) ou à ceux qu'autorise la typographie. Nous verrons, sur un ensemble très restreint de faits, qu'au discours rapporté se rattachent également des phénomènes assez subtils insérés dans l'épaisseur du discours.

2) Cela va nous amener à prendre en compte le couple locuteur-interlocuteur ; jusqu'à présent, nous avons eu l'occasion de faire une place à la personne de l'interlocuteur (comme allocutaire, comme récepteur des forces illocutoires, etc.), mais nous n'avons pas encore considéré les effets linguistiques de l'activité d'interlocuteur en tant que telle. Il s'agira ici d'étudier quelques opérations de l'interlocuteur sur les énoncés d'un autre énonciateur à partir des marques qu'elles laissent dans son propre énoncé.

3) Ce déplacement de l'intérêt du *je* au couple *je-tu* aura pour corrélat un changement dans l'objet d'étude ; au lieu de n'aborder que des énoncés « isolés », nous allons travailler sur des fragments de dialogues, des échanges de répliques posés comme structures textuelles cohérentes. Cela revient à dire que ces répliques s'articulent rigoureusement les unes sur les autres, au-delà de leur bonne formation grammaticale *stricto sensu*. Cette dimension dialogique de la communication est une des voies de recherche les plus prometteuses parmi celles qui s'ouvrent aujourd'hui à la problématique de l'énonciation.

4) Nous pourrons aussi nous rendre compte qu'une approche « immédiate » de faits linguistiques apparemment simples, s'avère en fait inadéquate. Non seulement il faut un cadre théorique général pour les décrire mais encore on ne peut les dissocier de l'acte d'énonciation dans lequel ils s'inscrivent : quel protagoniste de l'échange les a produits ? à quel stade de cet échange se situent-ils ? apparaissent-ils dans une phrase interrogative ?, etc.

— Le corpus

Les quelques faits que nous considérerons ne constituent qu'un échantillon tout à fait informel de ceux qui entrent dans le même cadre. En outre, notre analyse en sera succinte et ne prétendra pas épuiser leurs propriétés. Au-delà de ces phénomènes ponctuels c'est à l'ensemble de la démarche qu'il convient surtout d'être attentif.

Soit les énoncés suivants :

(1) Tu sais la nouvelle ? Paul se **cacherait** à Paris avec Sophie.

(2) - (a) Paul se cache à Paris avec Sophie
(b) Ainsi il se **cacherait** à Paris
ou (b') Ainsi il se **serait** évadé

(3) - (a) Paul se cache à Paris avec Sophie
(b) Quoi ! il se **cacherait** avec Sophie !
ou (b') Quoi ! il **aurait** quitté Nice !
(c) Moi, ça ne m'étonne pas

(4) - (a) Paul se cache à Paris avec Sophie
(b) **Aurait**-il renoncé à son projet ?
(c) Je ne crois pas

(5) - (a) Paul se cache à Paris avec Sophie
(b) Pourquoi se **cacherait**-il ?
(c) Tout le prouve

(6) - (a) Paul se cache à Paris avec Sophie
(b) Non, pas à Paris
(c) Où se **cacherait**-il alors ?
(d) Chez moi

Dans chaque énoncé ou échange d'énoncés figure un conditionnel ; ils s'expliquent tous par un phénomène de reprise des propos d'un autre énonciateur ; sauf en (1), cette reprise est le fait d'un interlocuteur opérant sur un énoncé immédiatement antérieur dans le dialogue. Nous ne nous occuperons pas des interprétations selon lesquelles l'énonciateur se parle à lui-même et considérerons ces énoncés au conditionnel dans le seul cadre du dialogue. En effet, certains de ces énoncés au conditionnel peuvent aussi bien succéder non à un autre énoncé mais à une quelconque perception de leur énonciateur : si le regard de ce dernier, par exemple, capte des indices qui l'amènent à penser que Paul se cache, il pourra dire à quelqu'un d'autre ou à lui-même des énoncés tels *Il se cacherait donc* ou *Se cacherait-il ?,* etc. C'est pour cela que nous apportons cette double restriction.

Par convention, on appellera E l'énoncé *Paul se cache à Paris avec Sophie,* L celui qui l'énonce et A son allocutaire. En outre, nous admettrons que L croit que A sait qui sont Paul et Sophie et que A le sait effectivement ; sinon le dialogue aurait pu être interrompu par des demandes d'éclaircissement.

Avant d'aborder l'analyse proprement dite, il faut souligner un fait très important : E peut être prononcé avec une intonation qui ne privilégie aucun des constituants ou, au contraire, isoler un « focus » en insistant sur tel ou tel des constituants :

Paul *se cache* à Paris avec Sophie
Paul se cache *à Paris* avec Sophie
Paul se cache à Paris avec *Sophie,* etc.

En délimitant un focus, l'énonciateur détermine l'information nouvelle qu'il entend transmettre. Ainsi, la phrase sans focus est en réalité le résumé d'une famille de phrases en relation de paraphrase à focus distincts. Comme on va le voir, le choix d'un focus contraint la réplique qui suit.

— Les diverses reprises

• L'énoncé (1) renvoie à un phénomène bien connu des grammaires et fréquent dans la presse, qui doit souvent rapporter des informations non confirmées (cf. « Des vols et des déprédations *auraient* été récemment commis sur l'un des réacteurs de la centrale nucléaire de Bugey » (*Le Monde,* 8-6-79)). La présence du conditionnel suffit à marquer la dissociation entre le rapporteur et l'énonciateur originel. Ce conditionnel ne permet pas de distinguer entre le présent et le futur : est-ce maintenant ou plus tard que Paul se cache ? Comme dans le DI le rapporteur n'est pas censé reproduire autre chose que le contenu (= le « dictum »), et, selon les informations qu'il croit que son interlocuteur détient, il sera amené à déterminer ou non tel ou tel focus ; par exemple, s'il croit que A sait que Paul se cache à Paris avec quelqu'un mais ignore avec qui, il pourra prendre *Sophie* pour focus.

• En (2) - (b), A reprend les propos de L, mais sa marge de liberté est considérable puisqu'il n'est pas tenu de les reprendre dans leur intégralité ni dans leur littéralité. Certes, il peut répéter l'ensemble de la phrase *(Ainsi il se cacherait à Paris avec Sophie)* s'il ignore tout de ce que fait Paul ; mais le plus souvent il reprendra les éléments qui constituent pour lui une information nouvelle, comme c'est le cas en (2) - (b), où c'est le lieu de la cachette de Paul qui lui était inconnu. S'il n'est pas tenu de reprendre la littéralité de E, il suffit donc que le contenu référentiel reste invariant : rien ne l'empêche, par exemple, de substituer à *Sophie* une description définie ayant la même dénotation (*Ainsi il se cacherait avec ta sœur, la femme de Jules,* etc.) ou à *se cacher* un synonyme.

• En (2) - (b′) la reprise est d'une autre nature : A extrait de E une ou plusieurs des multiples inférences que cette proposition autorise ; il y a « reprise » de E en ce sens que l'on peut considérer les inférences tirées de E comme virtuellement contenues en E, mais c'est là un tout autre phénomène qu'en (2) - (b). Ces inférences peuvent être faites par A à partir de sa seule connaissance de la langue (Si Paul se cache avec Sophie ⇛ Sophie est au même endroit que lui ; si Paul se cache ⇛ Paul ne veut pas être vu d'une ou plusieurs personnes, etc.), à partir de connaissances communes aux locuteurs d'une culture donnée (Si Paul est à Paris ⇛ Paul est en France), à partir de connaissances communes aux membres de tel groupe ou tout à fait personnelles à A dans un contexte donné (par exemple, E ⇛ Paul s'est évadé, si A est le seul à savoir que Paul était prisonnier).

• On retrouve cette dualité reprise des propos/extraction d'inférence(s) en (3) - (b) ct (3) - (b′). Ici A reprend E pour s'en étonner. Comme pour (2) - (b) la reprise des propos peut être littérale *(Quoi ! Paul se cacherait avec Sophie !)* ou non *(Pas possible ! Il se planquerait avec une fille aussi moche !),* intégrale ou non *(Quoi ! il se cacherait !).* En ce qui concerne les inférences, il s'agit du même phénomène qu'en (2) - (b′).

• Avec une structure interrogative comme en (4), il ne peut y avoir de reprise des propos de L : A ne peut interroger sur l'assertion de L et demander *Paul se cacherait-il ?* quand ce dernier vient d'affirmer qu'il se cache. En revanche, A est en droit de s'interroger sur la validité d'une proposition inférée de E. Si A demande à L *Aurait-il renoncé à son projet ?* il s'agit là d'une demande d'éclaircissement qui appelle une réponse positive. Ce n'est donc pas une véritable question ; dans une vraie question (du type oui/non) l'énonciateur cherche une information qui lui manque et ne penche *a priori* ni pour le oui ni pour le non. Ici, en revanche, celui qui questionne asserte en même temps implicitement qu'il a de bonnes raisons de penser que la réponse est positive ; finalement, tout ce qu'il cherche à savoir c'est si (4) - (a) est un argument suffisant pour l'inférence de (4) - (b).

• L'étude de (5) ouvre sur des problèmes subtils ; comme (5) - (b) risque d'être ambigu nous précisons que l'interprétation qui nous intéresse ici est celle où le conditionnel *se cacherait* peut commuter avec *veux-tu qu'il se cache ?*. Dans cet emploi *vouloir* n'a pas son sens volitif habituel : on ne peut par exemple lui substituer *désirer* et on l'interprète comme « dire » ; de plus, la complétive qui suit ne renvoie pas à un procès postérieur à *vouloir* comme ce serait normal après un verbe de volition. De même, dans cette interprétation, *pourquoi* n'a pas en (5) - (b) de sens final (« dans quel but ? »), ou causal (« pour quelle raison ? »). Enfin, dans la mesure où le seul sujet possible est *tu/vous* et le seul morphème interrogatif possible *pourquoi,* on est conduit naturellement à penser que c'est là une structure très particulière, liée à une reprise textuelle des propos de L.

En employant cette construction, A reprend littéralement un fragment ou la totalité de E : on aura *Pourquoi se cacherait-il ?* (= veux-tu qu'il se cache ?) et non *Pourquoi se dissimulerait-il ?,* qui aurait plutôt un sens causal et ne commuterait pas avec *veux-tu...?* Cette reprise textuelle relève-t-elle du DD ou du DI ? Il ne peut s'agir de DI (malgré la commutation avec *veux-tu que...*) puisqu'il y a reprise des paroles dans leur littéralité ; ce ne peut être non plus du DD. On voit bien qu'on a affaire à une question de A sur *la pertinence des mots* qu'a employés L et non sur leur contenu ; seul le fragment litigieux doit être repris littéralement, le reste de E pouvant varier (cf. *Pourquoi ton frère* **se cacherait-il** *avec cette fille ?*). A la différence des DD, DI et DIL, on ne rapporte pas ici des énoncés complets mais des *termes* isolés, de manière à demander à L de justifier leur emploi.

• Le fonctionnement de (6) est assez proche de celui de (5) puisqu'ici encore on peut paraphraser *se cacherait-il* par *veux-tu qu'il se cache,* ce *veux-tu* ayant les mêmes caractéristiques qu'en (5). Cependant, (6) suppose la présence de deux répliques antérieures, dont la seconde soit la négation par A de la première. La question de L, qui appelle une réponse de A, peut porter sur les divers constituants de E :

E → *Non, ce n'est pas Paul* → **Qui** *serait-ce alors ?* → **Jules**
E → *Non, pas* **à** *Paris* → **Où** *se cacherait-il alors ?* → **Près de** *Paris*

L'élément interrogatif (*Qui ? Où ? Avec quelle fille ?,* etc.) reprend le terme mis en cause par la négation de A, qui, elle, nie un fragment dans sa littéralité : on n'aurait pas dans cet emploi *Non, ce n'est pas le frère de Pierre* si Paul = le frère de Pierre. De la même manière que A en (5) demandait à L de justifier son emploi de tel(s) terme(s) de E parce qu'il(s) le surprenai(en)t, en (6) L demande à A de justifier sa négation surprenante d'un terme de E.

— La dualité des énonciateurs

Considérons maintenant ces données dans leur ensemble. Dans chaque cas le conditionnel marque que l'énonciateur ne coïncide pas avec celui qui a tenu originellement les propos qu'il rapporte ; le conditionnel permet donc de dire sans prendre en charge ce qu'on dit. A propos de (5) et (6) nous avons fait intervenir une paraphrase par *veux-tu que...* du verbe au conditionnel ; en réalité, c'est le cas général pour notre corpus, puisque tous les énoncés au conditionnel peuvent être précédés d'une phrase matrice et de *que,* de façon à mettre en évidence la « reprise », l'énoncé qui n'est pas assumé et se trouve référé à une autre énonciation :

— (1) [*X (= on, Jean, etc.) dit que*] Paul se cache à Paris avec Sophie

— (2) - (b) Ainsi [*tu dis (= affirmes, prétends...) qu'*] il se cache à Paris

ou

— (2) - (b') Ainsi [*tu laisses entendre qu'*] il s'est évadé

— (3) - (b) Quoi ! [*tu dis qu'*] il se cache avec Sophie !

ou

— (3) - (b') Quoi ! [*tu laisses entendre qu'*] il a quitté Nice !

— (4) - (b) [*Laisses-tu entendre qu'*] il a renoncé à son projet ?

— (5) - (b) Pourquoi [*veux-tu qu'*] il se cache ?

— (6) - (c) Où [*veux-tu qu'*] il se cache alors ?

L'emploi non-volitif du verbe *vouloir* en (5) - (6) n'a pas encore été justifié ; il est toujours à la seconde personne et au présent. En l'utilisant pour citer tels propos de L, A contraint en quelque sorte celui-ci à les assumer, à les prendre en charge, à les « vouloir » (plus exactement à les « avoir voulus ») ou, à un degré moindre, à les « avoir dits ». A renvoie donc L à son rôle antérieur de *Je* ayant *volontairement* énoncé ces propos. Dès qu'il parle, l'énonciateur se trouve susceptible de se faire renvoyer ses paroles, dont il est ainsi l'auditeur virtuel. *Tu veux* ne fait que pousser à l'extrême quelque chose qui est latent dans *tu dis,* mais l'apparition de *vouloir* s'impose quand il y a mise en cause directe de E, comme en (5) et en (6).

Quant au choix de *laisser entendre* il est beaucoup plus discutable ; en fait, il sert uniquement à marquer le processus d'inférence qu'exerce A sur E ; on serait facilement tenté de paraphraser ce *laisser entendre* par « tu me fais inférer par E que... ». En réalité, notre analyse s'avère rudimentaire sur ce point puisqu'elle ne distingue pas deux cas très différents : celui où L en disant E a l'intention que A en infère effectivement (2) - (b′), (3) - (b′) ou (4) (soit parce qu'il ne dit E que pour dire une de ces inférences, soit parce qu'il dit bien E, mais en sachant que cela va aussi amener A à l'inférence en question), et celui où L n'entend transmettre que le contenu de E, A en inférant un autre contenu de son propre chef. C'est dire l'ambiguïté de ces reprises au conditionnel quand on les considère hors contexte. Dans le premier cas les paraphrases pertinentes seront tantôt *tu veux me dire que,* tantôt *tu me laisses entendre que,* dans le second la paraphrase appropriée sera plutôt *ton énoncé me fait inférer que.* Prendre en compte de telles distinctions dans le cours de l'analyse nous aurait obligé à la complexifier considérablement et à faire intervenir un contexte d'énonciation beaucoup plus large.

À chacun de ces exemples correspond une attitude distincte de l'énonciateur à l'égard de l'assertion de E : en (1) il ne fait que rapporter des propos tenus par un énonciateur absent ; en (2) il se contente de renvoyer à L ses propos et ce qu'ils permettent d'inférer ; en (3) il lui renvoie ses paroles et leurs implications comme étonnantes ; en (4) il lui demande de valider certaines inférences de E ; en (5) comme en (6) il met en cause l'énonciation de E ou d'une de ses négations et somme L ou A de les justifier. À chaque fois le conditionnel permet de transposer les propos d'un énonciateur distinct, inscrivant ainsi la dualité des sujets de l'échange dans la structure de l'énoncé.

INDICATIONS BIBLIOGRAPHIQUES

— A. Banfield : « Le style narratif et la grammaire des discours direct et indirect » in *Change* n° 16/17, (Seuil, 1973). Étude sur les problèmes posés par l'intégration du discours rapporté dans une grammaire générative. Perspective reprise dans un article postérieur : « Où l'épistémologie, le style et la grammaire rencontrent l'histoire littéraire : le développement de la parole et de la pensée représentées », (*Langue française,* n° 44, 1979).

— M. Charolles : « Exercices sur les verbes de communication » in *Pratiques* n° 9 (1976).

– O. Ducrot : *Le dire et le dit* (Ed. de Minuit, 1984) chap. VIII.
– *Langages* n° 73 (1984) : « Les plans d'énonciation » (voir en particulier l'article de J. Authier)

Sur le conditionnel de reprise on peut consulter l'analyse approfondie, mais dont l'objet est très limité, de J. et J.-C. Milner : « Interrogations, reprises, dialogue » dans le recueil *Langue, discours, société* (Seuil, 1975) ; cet article lie cet emploi du conditionnel aux actes de langage.

EXERCICES SUR LA TROISIÈME PARTIE

• *Étudiez le discours rapporté dans les textes suivants (Demandez-vous en particulier par quels traits linguistiques on en repère les divers types).*

* « Tous parlèrent à la fois... A quoi bon ces continuelles révolutions ? est-ce que la liberté n'était pas conquise ? et la haine des idées nouvelles, la peur du peuple voulant sa part calmaient le libéralisme de ces bourgeois satisfaits. N'importe, ils déclarèrent tous qu'ils voteraient contre l'empereur, car il avait besoin d'une leçon.

— Ah ! mais ils m'embêtent ! dit Trublot, qui tâchait de comprendre depuis un instant. »

(É. ZOLA, *Pot-Bouille*, Livre de poche, p. 101.)

* « Quelques jours plus tard arriva une lettre [pour Galswinthe]... C'était Mme de Saint-Selve, mère, qui écrivait. En quatre pages d'amabilités sucrées, elle faisait reproche à sa belle-fille d'être venue dans les Landes sans avoir songé à s'arrêter à Bordeaux, où elle avait dû sûrement passer, et où toute la famille eût été ravie de l'accueillir. Mais ce n'était là que partie remise. Une triste circonstance allait lui en donner l'occasion. Le 8 juillet prochain, c'était l'anniversaire de la mort de Jacques. Elle savait que seule la santé de Galswinthe pourrait l'empêcher d'accomplir le pieux devoir de venir, en ce jour, prier sur la tombe de son mari. Si Galswinthe ne pouvait venir à Bordeaux, c'était elle-même qui viendrait à La Pelouse. Elle ne pouvait accepter l'idée que sa bru fût soignée par des mains étrangères et ses filles ne demandaient qu'à... Anne rendit la lettre à Galswinthe.

(PIERRE BENOIT, *Mlle de La Ferté*, Livre de Poche, p. 115.)

* — M. CHRISTIAN BONNET, ministre de l'Intérieur, a souligné la participation importante au premier tour des élections cantonales, qui, a-t-il dit *« est un signe de santé de notre démocratie et un témoignage d'attachement de nos concitoyens à leur département »*. Il s'est félicité *« que, sur sept membres du gouvernement qui étaient candidats, quatre sont élus et que, des trois qui restent en ballottage, aucun n'est mis en difficulté par l'opposition »*.

— M. CHARLES FITERMAN, membre du secrétariat du P.C. a estimé que ces élections constituent *« un camouflet »* pour le pouvoir giscardien dans la mesure où la participation à cette consultation a été importante alors que le pouvoir *« avait tout fait pour désintéresser les Français »*.

— M. PIERRE MAUROIS, membre du secrétariat national du P.S., estime que *« le premier tour montre une progression généralisée du P.S., qui se confirme comme le premier parti du pays »*. Pour le maire de Lille, ce *« succès indéniable »* est *« sensible aussi dans le Nord Pas-de-Calais, région affectée par le drame du chômage »*.

(*Le Monde*, 20 mars 1979.)

* « Pour moi, je me recouchai sur mon banc, mais je ne me rendormis point. Je me demandai si j'avais eu raison de sauver de la potence un voleur, et peut-être un meurtrier, et cela seulement parce que j'avais mangé du jambon avec lui et du riz à la valencienne. N'avais-je pas trahi mon guide qui soutenait la cause des lois ; ne l'avais-je pas exposé à la vengeance d'un scélérat ? Mais les devoirs de l'hospitalité !... Préjugé de sauvage, me disais-je , j'aurai à répondre de tous les crimes que le bandit va commettre... Pourtant est-ce un préjugé que cet instinct de conscience qui résiste à tous les raisonnements ? Peut-être, dans la situation délicate où je me trouvais, ne pouvais-je m'en tirer sans remords ».

(P. MÉRIMÉE, *Carmen,* I.)

LA PRESSE SOVIÉTIQUE MET EN RELIEF
L'ACTION SOCIALE DE L'ARMÉE ROUGE
De notre correspondant

* Moscou. — Pour la première fois depuis qu'un *« contingent limité de troupes soviétiques se trouve provisoirement sur le territoire de l'Afghanistan indépendant et souverain, à la demande de son gouvernement »,* la presse de Moscou a publié ce mardi 11 mars des photos de soldats et de matériel militaire. Sous le titre *« Des amis sûrs », l'Étoile rouge* présente deux images de la *« fraternisation »* entre les soldats soviétiques et la population locale. *« C'est avec une hospitalité sincère et une profonde reconnaissance que tous les Afghans honnêtes ont accueilli les combattants soviétiques »,* écrit le journal de l'armée, qui cite un responsable du parti : *« Même ceux qui, d'abord, ont cru naïvement les menteurs sont de plus en plus convaincus que les Soviétiques sont arrivés avec de bonnes intentions. »* (...)

A en croire les divers reportages, les soldats soviétiques auraient plutôt un rôle d'assistantes sociales. Ils organisent les secours médicaux dans les villages perdus, réparent les ponts, construisent des maisons, remettent en état le matériel agricole, aident aux travaux des champs ; ils repeignent les internats des pupilles de la nation et ils aménagent des *« salles de l'amitié soviéto-afghane »* dans les usines. *« Le téléphone sans fil transmet de village en village de bonnes paroles sur les soldats soviétiques,* affirme un paysan cité par les *Izvestia. Quand un frère vient voir son frère, c'est pour l'aider, lui faciliter la vie, participer à son travail et à sa lutte. »*

Ce tableau idyllique n'est troublé que par les bandits et les contre-révolutionnaires qui se sont infiltrés en Afghanistan. Car, non contents d'apprécier les *« actions pacifiques »* des soldats soviétiques, les Afghans reconnaissent aussi leurs qualités intrinsèques. Ces combattants manifestent le désintéressement, la bonté, la simplicité des *« gens forts »,* comme depuis des siècles immémoriaux on nomme ceux qui ont les armes et donc la force et la puissance, poursuit le journal du gouvernement soviétique. Un instituteur de Kaboul renchérit : *« Les Afghans comprennent bien l'essentiel : un penchant intérieur à la bonté, à l'aide désintéressée, un internationalisme élevé par le régime socialiste qui est propre à l'âme soviétique. »* Les *Izvestia* citent encore un *« paysan » :* les soldats soviétiques sont *« presque aussi modestes que nos filles, mais ce sont de véritables combattants : courageux, forts, consciencieux, des gens qui défendent le faible, nourrissent l'affamé, réchauffent celui qui a froid. »*

DANIEL VERNET (*Le Monde,* 12 mars 1980.)

« Assécher le marais »

* Dans les rues, sur les routes, il est difficile de saisir le climat qui règne actuellement en République fédérale. Ça se passe en chambre. Il faut ouvrir la télévision, entendre, tous les soirs, le flot des formules lancées pour exorciser le terrorisme, le flot des adjectifs : « horrible », « affreux », « terrifiant », « abominable »... Il faut écouter ces débats stupides avec des psychologues qui réduisent le problème à des névroses individuelles. Et ça rentre dans les têtes. Dans les conversations, maintenant, beaucoup de gens font remarquer, d'un air réfléchi, qu'après tout *« presque tous ces terroristes sont des protestants »*. Gola Mann, écrivain, fils de Thomas Mann, avait ouvert à la télévision, avant les « suicides » de Stammheim, un débat sur le thème : *« Faut-il traiter les terroristes comme des criminels de guerre ? Est-il juste ou non de les exécuter ? »* Si l'on en juge par le témoignage d'Irmgard Möller, la survivante, on a répondu par l'affirmative.

Mais les journaux ne font allusion qu'aux *« propos incohérents »* d'Irmgard Möller. Sur les « suicides », la thèse qui court actuellement dans les milieux d'opposition, c'est qu'il pourrait s'agir de l'action autonome d'un groupe de policiers de droite décidés à en finir une fois pour toutes.

La mise en condition commence à produire ses effets, isolés, pointillistes, aux quatre coins du pays. A Würsburg, la pièce de Böll « l'Honneur perdu de Katarina Blum » ne sera pas jouée : *« Ce ne serait pas opportun »*, a estimé le directeur du théâtre. Louise Rinser, célèbre écrivain catholique, s'est vu interdire une conférence parce que, il y a quelques années, elle avait rencontré Gudrun Ensslin à Rome et l'avait trouvée — je cite — *« intelligente et très sensible »*. Le directeur du théâtre de Stuttgart, M. Peymann, a été l'objet d'une campagne violente et d'un boycottage parce que, il y a plusieurs mois, il avait affiché dans le hall du théâtre une lettre des parents de Gudrun Ensslin, qui demandaient de l'argent ; *« J'ai donné 100 DM »*, avait-il marqué au bas de l'affiche. Il n'a conservé sa place qu'avec l'appui, isolé, du maire C.D.U. de la ville, le fils de Rommel, qu'on traite lui aussi maintenant de « sympathisant ».

Julian Beck, le fondateur du Living Theatre, a été arrêté à Munich pour *« injures envers la R.F.A. »*. Dans ses « Méditations sur le masochisme politique », il montrait la « torture blanche » en Allemagne (1). Une pièce programmée à la télévision a prudemment été retirée. Son titre, « Geyer » (« le Vautour » — elle parlait d'un patron), ressemblait trop, phonétiquement, à Schleyer. Même destin pour un film sur les « meurtres par erreur de la police ». Toute critique contre le régime, prononcée ces dernières années, prend aujourd'hui une dimension singulière. *« Man muss den Sumpf austrocknen »* (« Il faut assécher le marais » intellectuel), c'est la rengaine de la C.D.U.

Les intellectuels, la presse en a parlé, mais qui défend, par exemple, M. Krone, cheminot, membre du D.K.P. (parti communiste), fils d'un communiste enfermé dans les camps hitlériens, victime du *Berufsverbot ? « Il a appartenu au S.D.S., il a combattu les lois d'exception en 1968, il a distribué des tracts contre le chah et pour protester contre l'attentat dont a été victime Rudi Dutschke »*, dit de lui le rapport secret. Il a perdu son travail, Krone — il n'est pas le seul —, et personne ne se lève pour le défendre.

(1) Allusion au décret d'isolation complète pris contre les prisonniers politiques.

Le contrôle des fonctionnaires et les « interdictions professionnelles » ont commencé par toucher les enseignants, puis se sont étendus à tous les services publics, les jardiniers, les balayeurs... La surveillance des travailleurs dans les centrales nucléaires va être renforcée. *« Le frère de mon amie, qui travaille dans une centrale, ne vient plus nous voir à cause de ça,* m'a raconté un étudiant, *ce serait dans son dossier. Pourtant, je ne bouge pas, je vis en communauté ; mais ça suffit pour que je sois suspect. »*

« Il s'installe dans ce pays, a lancé à la télévision, de sa tribune du parlement, un député S.P.D. de gauche, M. Coppick, *un climat de pogrom, contre tous ceux qui pensent qu'il faut donner une autre direction à la société. A tous ceux-là, je dis, de ce lieu : Vous n'êtes pas seuls ! ».* C'était il y a quelques semaines, lors du débat sur les lois d' « isolement des prisonniers ».

(Extrait du *Nouvel Observateur* (n° 677, novembre 1977). Il s'agit d'un article intitulé « Allemagne : le temps du soupçon », consacré à l'enlèvement de H.-M. Schleyer, président du patronat allemand, par un groupe de terroristes).

INDEX

Imprimé en France par Aubin Imprimeur Ligugé, Poitiers.
N° d'édition 03 / N° de collection 12 / N° d'impression L 28903
Dépôt légal, n° 0619-10-1988

14/4541/0